蒙台梭利家庭教育解决方案
[全美官方版]

Real
Montessori
Education Starts
at Home

真正的
蒙氏教育
在家庭

50个经典探索游戏
造就孩子认知力

[美]白玛琳
(Marlene Barron, Ph.D.)
[马来]骆思洁
(Jesmine Lok)◎著　邓　峰◎译

中信出版集团·北京

图书在版编目（CIP）数据

真正的蒙氏教育在家庭. 50个经典探索游戏造就孩子认知力/（美）白玛琳，（马来）骆思洁著；邓峰译. --
北京：中信出版社，2017.5
（蒙台梭利家庭教育解决方案：全美官方版）
ISBN 978-7-5086-6909-0

I. ①真… II. ①白… ②骆… ③邓… III. ①家庭教育 IV. ① G78

中国版本图书馆CIP数据核字 (2016) 第259837号

真正的蒙氏教育在家庭：50个经典探索游戏造就孩子认知力

著　　者：[美] 白玛琳　　[马来] 骆思洁
译　　者：邓　峰
出版发行：中信出版集团股份有限公司
　　　　　（北京市朝阳区惠新东街甲4号富盛大厦2座　邮编　100029）
承　印　者：鹤山雅图仕印刷有限公司

开　　本：787mm×1092mm　1/16　　印　张：11.25　　字　数：174千字
版　　次：2017年5月第1版　　　　　　印　次：2017年7月第5次印刷
广告经营许可证：京朝工商广字第8087号
书　　号：ISBN 978-7-5086-6909-0
定　　价：48.00元

版权所有·侵权必究
如有印刷、装订问题，本公司负责调换。
服务热线：400-600-8099
投稿邮箱：author@citicpub.com

目录
Contents

引言　　　　　　　　/ 1

**第一章
关注我们自己，以及身边的小生命**

1　孩子的人体模型 / 12
2　搭骨架 / 15
3　身体里的故事 / 18
4　运动起来 / 21
5　平衡感 / 24
6　千差万别的脚 / 27
7　蚂蚁大调查 / 30
8　观察蚯蚓（1）/ 33
9　观察蚯蚓（2）/ 36
10　蛛网画廊 / 39
11　蓝色燕麦片 / 42
12　蜗牛爬爬爬 / 45
13　螺旋图案 / 48
14　水下世界 / 51

第二章
蓝绿色星球

15 它是活的吗? / 56

16 生物卡片 / 59

17 晚间散步 / 62

18 月夜 / 65

19 定向越野 / 68

20 火山模型 / 72

21 恐龙的时间线 / 76

22 把大自然装进去 / 79

23 生根发芽 / 82

24 蒲公英标本 / 85

25 观察树木 / 88

26 木材之旅 / *91*

27 把花园装进去 / *94*

28 风帽 / *97*

29 饭菜里的学问 / *100*

30 踩影子 / *103*

31 画影子 / *106*

32 水面倒影 / *109*

33 人工降雨 / *112*

34 液体和固体的变奏 / *115*

35 罐子里的世界 / *118*

36 自己做日晷 / *121*

第三章 有趣的技术

37 吸管吹吹吹 / *126*

38 洗衣服 / *129*

39 游乐场模型 / *132*

40 自己搭屋子 / *135*

41 红绿灯，红绿红绿会变色 / *139*

42 肉桂卷里的化学 / *142*

43 仓鼠之家 / *145*

44 我能解决 / *148*

45 自己做盒子 / *151*

46 浮力游戏 / *155*

47 拆玩具 / *158*

48 轮子真奇妙 / *161*

49 电与光 / *164*

50 我的小灯 / *167*

引言
Introduction

世界真奇妙，探索它要靠科学，解决问题则要靠技术。如果想让孩子这样看待科学与技术，那你就找对了地方。这本书为孩子年龄在 2~10 岁的家长所准备，可以帮助家长充分利用孩子成长的这段关键期——从婴儿到孩童；从咿呀学语到接受正式教育；从单纯地以为蒲公英是青草地上的黄色小球，到意识到它们更是一朵朵花，生长在由水、空气、阳光组成的生态系统中。

对孩子已经入学的家长来说，如果想丰富他们的科技知识，你可以在这本书的活动中找到方法，把探索变成日常家庭生活的一部分。

如果孩子年龄尚小，你可以利用日常家庭活动——无论是室内还是室外——为他们尽可能地打好探索、体验、观察和解决问题的基础。

很多人以为，孩子就像空瓶子，家长要做的只是往里面填满他们成长所需的信息和技能，以把他们培养成科学家，然而事实并非如此。

孩子生来就有探索周围世界的欲望，会抓住一切机会学习关于世界的知识。你是否经常看到孩子趴在泥堆里研究小虫子、翻来覆去地往桶里盛沙土或大米、奔跑着追泡泡、开着水龙头让水流个不停？无论孩子年龄大小，他都能通过看、摸、尝、听、嗅了解世界上的诸多事物。他会对此展开讨论、探索、解释和实践，并且随时准备更进一步。

这本书会教你如何鼓励孩子探索无处不在的科技。我从事儿童教育工作超过半个世纪，这本书中的活动正是取材于我曾经的教学与观察经历，充满了挑战和乐趣，有着切实的效果，而且你和孩子也会喜欢上它们。

虽然每项活动都有指导步骤，但也是开放式的。这意味着家长可以按照自己的想法进行改造，创造出良好的教育环境，让孩子得到大量的学习机会。实际上，这 50 项活动可以拓展至数百种。

这些活动可以让孩子接触到不同科技领域的概念；这些活动会帮助你更多地融入孩子的生活，更好地了解他的天赋。如果你的孩子对某项活动不感兴趣，那就根据你和孩子的需求做相应的调整，把它们变成你们专属的活动。全家一起观察、探索和解决问题，共同享受一段惬意而充实的家庭时光。

为什么这些活动有效果

你可以从这些活动中发现以下理念。

整体科学学习法

学习科技知识有很多方法，我最喜欢的一种叫整体科学学习法。它包含了我们通过观察、探索、讨论来理解世界的各种方法。人们探索两个事物之间的相互关系，比如云与雨、脚蹼与踩水、潮湿的泥土与发芽的种子，就是在理解世界。

你该怎么教孩子热力学？不需要！他已经知道很多热力学知识了。刚一出生，他就能感受到襁褓的包裹和温暖。随着慢慢长大，他会明白温暖产生舒适感。有一天，他晃晃悠悠地走到一块有阳光的地方，就待在那儿不动了；又有一天，他光着脚走，感觉到有块地板很暖和，就会问："为什么这里热乎乎的？"你可以简单地回答："因为壁炉把热量送到了楼上。"也可以深入地解释："加热系统的原理是这么回事……"如果家长能用启发式问题来回应："为什么你觉得那里暖和？"他很可能自己就能找出答案；也或许他往壁炉里添了根柴，就弄明白了一些。不管通过什么方式，他所理解到的都是科学，是他利用感官观察的结果，是他探索和诠释的结果——是他自己的理解。

最重要的是，他的理解不是来自文字，而是基于他所见的形象和他自己的思索。搜寻并找到热源，这种经历可以帮助他在头脑中建立热量的概念，而看到大人在炉子上烧水做饭、思考为什么衣服能保暖、发现鸟类在冬天会变胖——羽毛都蓬起来了，他就会学到更多。这就是整体科学学习法。

很多时候，科学知识都是"由上至下"教给孩子的。比如，先给一个大主题——电，再分述小主题——电流，待到做实验的时候再用上电池。而更好的方法是，让孩子先观察触摸电池——手机、平板电脑和遥控汽车上的，然后让他尝试连通电路，至于电学理论则暂时不必深入讨论。我们需要引导孩子"由下至上"学习科学知识。动手操作可以让孩子学得更好——这适用于任何学科，而不仅仅是科学。

就像孩子赤着脚感受到地板的温暖一样，睁大眼睛去观察，他就会逐渐掌握科学知识。他会提出无穷无尽的问题，不知疲倦地探索，一遍遍问为什么——这就是在理解世界上的各种关系。

需要指出的是，这本书中的许多活动在学习领域上相互重叠。很明显，当孩子谈论两个事物之间的关系，比如星星与夜晚、太阳与热量，他也是在利用语言讨论、阅读、记录科学事件；学习声音知识时也会谈到音乐；研究蜘蛛网和蜗牛壳，也是在接触最棒的艺术形式；孩子逐渐明白了是什么导致河流改道，又是谁记录下河畔居民的故事，也是在学习社会知识、地质和地理知识，以及生态系统的运作机制。

理解过程

要鼓励孩子通过感官感知事情的发生，预测事情的发展，介绍自己的发现，并提出新问题。如果他们只是看到最后的成品，就无法做到这些；他们需要看到整个过程，即"冷水→温水→沸水→蒸汽→凝结"的自然过程。

孩子怎么探索自然世界？他先是体验，然后以假设语气发问："如果我把这一大锅水倒进一个小杯里，会发生什么？""如果我把水全倒出来呢？""如果我透过水龙头的水流观察光线呢？"听到孩子问这类问题时，可以利用实验解答。

从量子物理学到游乐场上的物理知识,每种科学解释都源自人的猜想,是对某种情境的个人见解。随着相关实验的增多和技术的改进,这些猜想会不断完善,谱写出一篇篇新的科学故事。

技能与概念

目前流行的很多教学资料注重培养具体的技能,而这本书则要帮助孩子逐渐理解有用的概念。

技能可以习得,也能通过练习提高,比如,剪东西、骑三轮车或分辨不同的蝴蝶。而概念则是无法直接教授的,全凭个人领悟。当然,你可以告诉他事实,但除非他不断地观察和比较,否则无法判断一个生物是否存在。概念的掌握是需要花时间的,只有经验丰富了,头脑中的概念才会扎实起来。孩子也会汲取其他科学概念:漂浮与下沉的区别;什么决定了物体的固态、液态和气态。而这本书的活动有助于孩子形成概念,进而推动技能的运用。

怎样实现活动收益的最大化

现在的父母们经常说,孩子要学的科技知识太多了,还要记住各种事实。这些话只是听听就能让你产生焦虑。

在爱因斯坦的时代,事情也许更简单些。爱因斯坦从高中退学,追求自己的理想,其中包括相对论的设想。而你的孩子在很小的时候,也要能够像爱因斯坦那样:有时间去追求梦想,可以随便拆东西(就是要拆得一团糟),围绕一个想法或一段经历展开想象。

父母都希望孩子的抽象思维能力突飞猛进，能够谈论宇宙和地球板块构造。但事实是，宇宙和地球板块构造既看不到也很难想象。为了把孩子的思维能力提升到这种高度，你所能做的最有益的事就是在他现有的思维水平上鼓励他，不管他的想法是多么具体或简单。

想让孩子明白是什么导致了泰坦尼克号的沉没，最好让他在浴缸或水池里摆弄各种玩具，看着它浮浮沉沉。这样做的效果远远大于向他介绍泰坦尼克号的示意图和建造过程。你还可以提问："我在想，如果在浴缸里的那条船上放一辆金属小车，会怎么样？"这是在鼓励他预测和猜想结果，并最终给出拯救泰坦尼克号的答案——答案是否准确并不重要。

孩子们的身体发育速度各不相同，情感、社交、智力的发育也是千差万别。每个孩子都有自己的独到之处，这是件好事，不用担心。你可能会问："怎么才能做到？"这里给出几个基本的要点。

认可孩子的兴趣

探索科学的第一条黄金法则：科学里没有恶心的东西。但这可能比想象的更难做到。这本书会邀请你和孩子研究粉虫、蜗牛、蚯蚓、泥土等。家长要认真想一想，究竟怎么说才能鼓励孩子参与进来，更要注意说话时切勿打击他们的积极性。

肯定孩子的能力

不管听到任何问题或解释，都要带着兴趣回应：
"你是怎么发现的？"

"这是个好问题！"

这就是第二条黄金法则：没有蠢问题。任何问题都可以引导出有趣的探索、解释和实验。一般来说，你在回应时可以反问孩子：

"我不知道啊，你觉得呢？"

"我在想怎么才能弄明白。"

"我们怎么才能找到答案呢？"

许多活动会涉及制作地图、图表、书、海报，以及录音，目的在于记录并交流孩子的探索成果。这是个好方法，因为孩子既要学习多样化的沟通表达方式，也要适时回顾自己从前的水平。"看啊！我记得你过去用黏土捏海岛，后来能做纸板模型，现在你都能画地图了！"

帮孩子打造开放思维

正如前文所说，科学由各种故事组成，而这些故事每时每刻都在变化——可能是因为观点不同、信息不通畅，或者世界变样了。技术则指解决问题的方案，每个新方案的诞生都会伴随着副作用和新问题。当你和孩子一起研究一项技术时，一定要列出所有能解决问题的简易方案。引导他留意电脑、车胎、微波炉食品，以及其他容易发生变化的物品，它们都有哪些改变？教他学习第三条黄金法则：没有正确答案。

这一点并不容易做到。尽管学龄儿童很在意自己的想法是否正确，但老师往往只顾忙着给他们批改试卷呢！要鼓励孩子寻找最佳答案，也就是在他的知识范围内的最合理答案，他会有很好的表现。同时鼓励他给出新方案和新解释——可以在睡前讲讲那些"超前"科学家的故事，孩子们需要知道：科学知识是不断变化的。

为孩子打好科学学习基础

想成为科学小能手，孩子们先要学习选择、排序、归类、识别、比较、交流、预测、描述、观察、检查、建造、操纵、倾听、观看、触摸、收集……不过别担心，你的孩子其实已经在这样做了。以下活动可以给孩子打下扎实的科技基础。

- **做模型**。海洋、太阳系、DNA、昆虫和血液细胞……不制作模型，就无法理解它们。当孩子对某些东西产生兴趣时，鼓励他做出相应的模型，比如纸裁的海岛，纸板搭建的城市，手绘蚂蚁洞地图，手绘蜗牛壳螺旋。也给孩子看看他人制作的模型：微型火车、塑料大象、木制恐龙骨架。和实体比较一下，让他亲身体会大小的比例关系。

- **认识世界的系统性**。地球上所有人，以及与人有关的所有事物，组成了一个庞大的联系体：在上海掉落的一张口香糖纸，会影响到地球另一面的人们。从地铁系统到互联网，再到邮件系统，人们创造了许许多多系统。要引导孩子了解它们的具体细节，同时兼顾整体架构。为孩子读一些相关资料，从而让他们意识到，世上万物都彼此关联。

- **学习技术**。还是很小的时候，孩子就能（学习）使用技术了，比如拧门把手、握住铅笔、使用卫生纸等。引导孩子了解按扣儿的用途（衣服上的按扣儿和智能手机上的按钮有区别吗？），进而学习使用其他各种装置。你可以适时问他为什么，让他在学习使用平板电脑时也对它的运作产生兴趣，最终过渡到研究图像和声音的传输。而让孩子学习用笔写字、削铅笔或使用橡皮擦，也可以引出各种技术概念。

科学一锅炖

想让孩子开始学习科技知识？孩子一出生，学习其实就已经开始了——大人创造的家庭氛围便是孩子的学习环境。孩子在搭积木、摆餐具、照料植物、吃东西、烹饪、洗澡，以及从事和科学有关的其他日常活动时，会意识到科技是生活的自然组成部分。要想在家培养孩子的科学意识，家长可以收集各种有意思的物件，鼓励孩子展开试验和讨论，设置许多有趣的场景，玩游戏，并适时进行一些搭积木做模型的活动。我把这种家庭氛围称为"科学一锅炖"（science stew）。这种丰盛的"一锅炖"可以充分满足孩子对世界的兴趣，就像上佳的炖汤一样对身体颇有好处，还会让孩子的房间飘着诱人的"香味"。希望所有的孩子都能成长在"科学一锅炖"的家庭中。

你可以利用各种物品为孩子创造出这种环境——房前屋后、公园里的各种东西，其中有些你通常会觉得和科学无关。尽可能多地让孩子接触动物，最好能天天看到鸟类、哺乳类、两栖类、爬行类和鱼类。如果觉得这些还不够，就带孩子去动物园、自然中心或到野外观察动物。观察的时候，教他们尊重动物的需求和能力。

收集一些典型的"科学装置"，比如放大镜、昆虫观察盒（盒盖带有放大镜）、望远镜、野外指南针和蚂蚁农场，让孩子学习使用。你还需准备有关动物、岩石、水、昆虫和太阳系等的自然科普读物（可以参考书中的延伸阅读书目，很多作品都有中译本）。

不过，科技不仅仅是这些——还需要实践。完成这本书中的活动，也让孩子参与大人的科学活动，告诉他你在做什么以及为什么要这样做。和他一起动手，而且要适时地放手，让孩子自行探索、说明现象和展开调查。

"一锅炖"里还有一项重要的食材，而且免费——那就是交谈。大人所能做的最重要的事情之一，就是向你的小"科学家同伴"示范你思考的过程。和孩子分享你的疑问，大声说出你的想法。不要忙着给出确切答案，而是要开放性地提问（如果不把冰淇淋放在冰箱里，过一夜会变成什么样子？），和孩子一同探索不熟悉的领域（而不是将其限制在大人的经验之内）。最重要的是，让他发现你的错误，意识到犯错也是学习的一部分。

最后，在"一锅炖"里加一些科学态度。把自己当成孩子，透过孩子的眼睛观察世界，分享你对壮美世界的敬畏。有人说，科学家是当今世界的魔法师，能看见别人所看不见。鼓励孩子以开放的心态接受新信息、新解释和新观点，并且自行发问和探索。这样一来，他一生都会像科学家那样思考。

总结

你看到孩子走到结冰的水坑，喊道："别摔了！"结果他还是摔倒了。孩子会觉得你能预知要发生的事情。这是魔法！

你跟着孩子在地板上匍匐前进、抓着地毯怪叫时，他会觉得你变成了怪兽。这是魔法！

你告诉他，乔尔今天要来家里玩儿。这时门铃响了，乔尔走了进来。这是魔法！

在孩子的眼里，以上这些都是魔法。大人知道冰面很滑，知道人可以假扮怪兽但不会真的变成怪兽，知道可以打电话邀请朋友来玩儿并得到回复，但孩子却没有这些先验知识。

孩子会按自己的方式学着成为一名科学家，关键在于家长要认可孩子在他能力范围内做到的事情。如果孩子指着牛叫狗，不要说："那不是狗，你连牛和狗都不分？"孩子刚生下来时你怎么教，长大后也要怎么教。你要告诉他："那是一只牛，牛会哞哞叫！"孩子很快会意识到，四条腿的动物不一定都是狗，而且牛和狗各有特点。

同样，孩子在对着墙拍球或是看月亮的时候，也会问到关于世界的问题。如果你直接告知他答案，那么探讨就停止了。你应该反问他，引导他探索科学。正如教育家玛丽安·齐默（Maryann Ziemer）所说："我不'教'科学；我们要一起高兴地研究科学。"

中国数学家华罗庚也说过:"科学的灵感,绝不是坐等可以等来的。如果说,科学上的发现有什么偶然的机遇的话,那么这种'偶然的机遇'只能给那些学有素养的人,给那些善于独立思考的人,给那些具有锲而不舍精神的人,而不会给坐着等待答案的人。"

关于书中的活动[①]

这本书中的活动都是对我的教育理念的总结,可以帮你在任何情境下学习科技知识——无论是家里还是户外。这些活动包括游戏、琐事、工作和表演,分为三章。

- 第一章:关注我们自己,以及身边的小生命。这些活动涉及人和一些易于(在短时间内带回家)观察的(小)生物的生理构造和行为。
- 第二章:蓝绿色星球。土地、空气、水和光照——以及由这些生态元素共同催生出的植物,是这一章的重点。
- 第三章:有趣的技术。这一章鼓励孩子探索组成世界的各种元素、能量和自然力,着重锻炼孩子动手解决日常问题的能力。

家长没有必要按先后顺序进行活动,可以随便选。一般来说,最好选择那些你和孩子感兴趣的。从每章中选一些活动,看看哪些最能契合你们正在做的事情——最重要的是,要能让孩子产生疑惑和好奇心,然后调整成你们专属的活动。

[①] 书中的活动若涉及小零件的使用,家长务必监护孩子操作,以免发生意外。——编者注

第一章
关注我们自己，以及身边的小生命
You and Other Critters

教育不应只是传授知识，必须用一种新方式释放人类的潜能。

——玛丽亚·蒙台梭利

孩子都是从自身出发认识世界的。这就是为什么这本书从一开始就要关注孩子的身体、运动和感觉。

这一章包括一些鼓励孩子观察、解释和分析常见小动物的活动。并不是每家每户都养着狗、猫和鸟当宠物，所以我建议多多观察路边的蚂蚁，或者自己养一只甲虫。让孩子观察其他生物的习性，这其中的重要性不言而喻。

1

Stuff Yourself

孩子的人体模型

这个模型可不是木偶；你可以用来装饰，用作教具或玩具。

你需要

一卷牛皮纸或两大张其他材质的纸（至少和孩子等高）；记号笔；剪刀；蜡笔或水彩笔；纱线；塑料玩具眼睛、壁纸和边角布料（可选）；镜子；订书机；报纸或其他填充物；胶带

前期准备

跟孩子聊聊他的成长经历——他是多么优秀、健康和强壮。告诉他你准备帮着做一个他自己的人体模型。

怎么做

1. 让孩子躺在牛皮纸上，用记号笔画出他的身体轮廓线。
2. 请孩子用蜡笔或水彩笔在人体模型的正面画出五官和其他特征。用纱线做头发，用壁纸或边角布料做衣服，再安上塑料眼睛。

后续活动

- 装饰人体模型的正面，把它从纸上剪下来。
- 再做一个孩子的背面模型。让孩子趴在另一张纸上，画出他的身体轮廓线，并依照孩子的背面来装饰。让孩子在镜子里看一下自己的背面。
- 剪下这个背面模型，现在正背面都有了。
- 制作一个立体模型：用订书机把模型的正背面钉在一起，在一侧留出开口以备填充。

可以往里面塞满报纸，并用订书机封口。
- 也为其他家人制作人体模型。
- 画出骨骼或器官的图片，粘贴在完成的模型上，帮助孩子了解人体结构。参见第 2 项活动"搭骨架"和第 3 项活动"身体里的故事"。
- 用这个模型帮助孩子了解影子的形成和变化。参见第 30 项活动"踩影子"。

活动用意

比照着孩子做人体模型，就像是发生在他自己身上的一个看得见、摸得着的故事。你参与整个制作过程，就是在引导他以别人的眼光看待自己、从尺寸和实体的角度了解自己如何融入世界。他还从中注意到了身体的局部和整体特征。

进一步

鼓励孩子做一个他自己的小尺寸人体模型，并进一步展开讨论：玩具动物、玩具建筑和玩具汽车都是如何表现真实物体的？

小提示

- 鼓励孩子描画物体的轮廓；先用手指，再用粉笔或蜡笔。
- 家长可以帮着孩子收拾玩具，让他用粉笔在收纳架上画出玩具的轮廓，以标示相应的位置，从而引导他建立尺寸和形状的概念。从架子上拿下玩具后，告诉他要记得参照轮廓线，把它们放回原位。

2 / 搭骨架
Boning Up

没有骨架,
你的身体就会像纸人一样松软。

16

你需要

第 1 项活动中完成的人体模型；厚纸；剪刀；一副骨架模型或几张骨架图片（可选但很有用）；胶带或订书机；餐后剩下的骨头（关节）；鱼骨头

前期准备

需要先做完第 1 项活动"孩子的人体模型"。

怎么做

1. 鼓励孩子发现人体模型和自己身体之间的区别。
2. 围绕骨头展开讨论。你可以问："为什么人体模型不能自己站立？"或者，"为什么你能坐得直直的，而它会翻倒？"
3. 鼓励孩子摸摸自己皮肤下的骨骼，和他一起活动身体各部位的骨头——动动手指、胳膊等。
4. 问问孩子想怎样为人体模型装上骨架，告诉他：这些骨架并不能让模型真正站立，只是用来标示骨头的相应位置。
5. 参考骨架模型或图片，用厚纸剪出骨头的形状。注意两块骨头是如何相连形成关节的；可以从网上找到这类图片。
6. 制作肋骨时，可以用剪刀刮一下纸条，使其弯曲成肋骨的形状，再让孩子用胶带粘贴在人体模型上。

后续活动

- 从屠户那里找一些骨头（关节）带回家，并展开讨论：牛的胯骨关节如何连接？你的胳膊肘儿和鸡翅肘儿有何区别？你的肋骨和牛排骨有何区别？
- 和孩子一起研究鱼骨头。

活动用意

让孩子对他自己的骨骼有一定程度上的认知。在这项活动中，骨头被看作独立的身体部位，孩子可以通过观察了解骨头的形状和功能，为模型装上骨架。知道了皮肤下还有骨头，孩子就会对自己的身体产生新认识，进而意识到自己和其他脊椎动物的关系，或许还能激发出他对建筑学和构造学的兴趣——而不仅仅局限于人体。

进一步

下载一些动物骨骼图片，和孩子共同研究，并将其与人的骨架做比较。能从动物的身形看出骨架的形状吗？为什么螃蟹和龙虾这类无脊椎动物有着坚硬的外壳？

小提示

延伸阅读：

- *The Body Book* by Sara Stein (Workman, 1992)
  这本书里附有一副可组装的骨架。
- 《儿童人体百科全书》，英国 DK 公司 / 著，中国大百科全书出版社
- 《DK 趣味立体百科》，英国 DK 公司 / 著，中央广播电视大学出版社

The Inside Story

3 身体里的故事

如果不了解相关知识，你会觉得自己的身体里都有什么？和孩子一起探索与他身体有关的奥秘，并运用起来。就从他已知的开始吧。

你需要

第1项活动中完成的人体模型；（网上下载的）解剖学书籍，或者内脏和血管模型；胶管（可从水族用品店购买）或粗线；气球；小纸袋或塑料袋、盒子或其他容器

前期准备

这项活动需要你和孩子一起制作人体器官和循环系统的模型。你们先要完成第1项活动"孩子的人体模型"和第2项活动"搭骨架"，因为与人体外部特征和骨头相比，内脏器官隐藏得更深。

怎么做

1. 鼓励孩子展开讨论：怎么了解更多的人体知识？怎么知道血液是如何制造的？（孩子可能听说过心脏、肺、胃、静脉这类词汇，或者知道其他一些内脏和血管。）
2. 查看解剖学书籍，让孩子选定一个器官，然后和他一起找出并确定它在人体模型上、你身上和孩子身上的对应位置。讨论一下器官是如何工作、相互联系的，以及它对人体的作用。在讨论血液的流向时，让孩子用手指沿着静脉和动脉比画。（如果你也不清楚，就和孩子一起找答案。向孩子示范你如何用电脑查询信息。）
3. 和孩子一起研究：怎么把这个器官装进人体模型里？找到大概位置就可以，不用非常精确。
4. 用胶管或粗线代表静脉和动脉，用气球代表肺，用小袋子、盒子或其他容器代表各种器官。
5. 聊聊人体器官是如何相互联系的。胃在哪儿？心脏在哪儿？食物经过胃又会去哪儿？腿上的血液如何流回心脏？

后续活动

- 继续把新的器官装进人体模型里。平时也要经常和孩子讨论它们。
- 讨论一下器官对健康的影响。为什么胃会不舒服？心脏在受惊时会发生什么变化？在春天的清晨出门散步，肺有什么感觉？

活动用意

> 了解系统，对科技的认知尤为重要。人体是一个封闭的系统，每个部分既各司其职又协同合作。孩子了解了这些，就会开始理解整个系统的工作机制。

进一步

通过外部渠道拓展人体知识，比如询问医生、查阅书本、观看（适宜儿童的）电视节目和网络视频。这样有助于孩子从自身出发，形成关于人体系统的整体认知。

小提示

可以买一些人体模型，比如高约 40 厘米、可以拆解的塑料人体模型。

4 运动起来
Loco-motion

你能像老虎那样猛扑吗?
你能像狼那样伏低身子行走吗?

你需要

宽松舒适的衣服；草地或开阔地

前期准备

和孩子聊聊动物，以及它们的运动方式。

怎么做

1. 请孩子玩表演游戏，说："我们一起学松鼠跳吧。松鼠怎么跳？来跳跳看。"（也可以选其他动物。）
2. 表扬孩子模仿得像，并描述动作细节："哦，我明白了。你是学松鼠并拢前爪、用后脚跳，对不对？"
3. 聊聊动物的生理特点和需求，比如，松鼠必须快速爬树、保持好平衡、灵活地在树杈间往来跳跃。引导孩子理解，松鼠用尾巴保持平衡。同样地，让他思考松鼠光滑的皮毛和锋利的爪子都有什么用处。

后续活动

和孩子一起模仿其他动物，思考它们的运动特点。鼓励孩子把动物的肢体及其能力与自己的相比较，再进行总结：尾巴、翅膀、前肢、后肢和其他部位，都是如何影响动物运动的？

第一章　关注我们自己，以及身边的小生命

活动用意

研究并模仿动物的运动方式，孩子就能发现体态和动作之间的重要关系，并知道为什么动物（包括人类）的身体构造会各不相同。

进一步

找机会近距离研究一下动物的生理习性。可以参观动物园或自然中心，观察你们偶然发现的小动物尸体，或是去博物馆研究动物骨骼。

小提示

延伸阅读：

- Pretend You're a Cat by Jean Marzollo (Dial Books for Young Readers, 1992)
  这本书教你如何惟妙惟肖地模仿动物。
- 《DK 儿童动物百科全书》，英国 DK 公司／著，中国大百科全书出版社
  这本书中不但有清晰的动物照片（包括体内和体外），还描述了动物的行为、运动方式和栖息地。
- 《动物模仿秀》，英国 DK 公司／著，中央广播电视大学出版社

5

A Well-Balanced Kid

平衡感

对你自己、你的身体，
以及你和周围世界的
关系感到好奇，
这就是在学习科学。

你需要

一段路缘石，或者一张放平的长木板；内耳模型（可选）；一杯水

前期准备

在这项活动中，家长要创造一个有趣的场景，充分激发孩子的好奇心。当然，最好是在日常熟悉的环境中学习，但如果孩子就是不愿走平衡木或转圈圈，那就把它当成是跳舞或游戏吧！

怎么做

1. 和孩子玩模仿游戏，在路缘石或长木板上后脚贴着前脚走。
2. 聊聊身体要如何反应才能保持平衡。引导孩子留意，他为了保持直立状态，身体会适时地：慢下来、快起来、摇摇晃晃、伸直胳膊等。
3. 将孩子的平衡动作和小猫、松鼠、小鸟，以及其他动物的进行比较（参见第4项活动"运动起来"）。鸟儿如何保持平衡？是伸出翅膀吗？当它们停在电线上时，尾巴是什么样子的？

后续活动

- 和孩子一起研究人能平衡站立的原因。观察内耳模型中半规管里的液体；半规管是人体最主要的平衡感知器官。
- 给孩子倒半杯水，假设是他内耳中的液体。先让他把杯子朝不同方向摇晃（注意不要洒出），再朝同一方向倾斜。这些水晃动得越剧烈，是不是就意味着他的身体倾斜得越厉害？（水要是洒出来，就说明他摔倒了。）

活动用意

你是在引导孩子这样探索：提问题、做实验、查询信息、建立模型，并得出有关平衡的结论。这一探索过程可应用于所有孩子好奇的事情上。重要的是，你能接受孩子的想法，向他示范调查的步骤，并忍住讲解的欲望，让他自行探索。

进一步

如果你原地转圈，内耳中的液体会如何变化？向孩子示范舞者和滑冰者是如何单脚站立的：他们在旋转时，视线集中在周围的某个点上。为什么这样能控制眩晕感？

小提示

鼓励孩子探索，如何保持两边平衡：身体的两侧、跷跷板上的两个人、天平上的两块积木等。参见第 39 项活动"游乐场模型"。

6 Fancy Footwork

千差万别的脚

是谁出的点子，模仿青蛙的趾蹼做了脚蹼？
为什么鹿的蹄子看起来像高跟鞋？
为什么猴子有脚趾？

你需要

一只小动物（用来观察），或者一本动物图集（图片要清晰）；纸、铅笔、蜡笔；手机或相机（可选）

前期准备

和孩子一起，找机会比较一下动物的脚和你们自己的脚。

怎么做

1. 观察一只动物，说："嘿！看看它的脚！"聊聊它的脚和你们的有什么不同。引导孩子把注意力转移到脚上："大象的脚好大，比你的大很多！也比我的要大吧？"
2. 和孩子一起想想：为什么它的脚会长成这样？它用脚来做什么？它需要抓住什么东西吗？它需要走路吗？是要攀爬、奔跑，还是悄悄移动？
3. 和孩子聊聊他的脚和动物的脚在功能上的差异。一起思考：人的脚需要长成这样吗？为什么？
4. 让孩子画出或拍下它的脚，便于记忆。

后续活动

· 继续研究其他动物的脚。

第一章　关注我们自己，以及身边的小生命

- 和孩子一起，整理各种动物的脚部照片或图片。
- 和孩子聊聊鞋子、滑雪板、脚蹼、雪地鞋，以及其他穿在脚上的东西。讨论一下：为了模仿动物的脚，人们都做了些什么？为什么要模仿？

活动用意

这项活动有助于孩子理解，功能决定形式。青蛙和鸭子尽管差别巨大，但都长着趾蹼——这是为了在水里游动。而有人想游得更快，就制作了脚蹼。对比动物的脚和人类的脚，孩子就能够认识到：在打造一件（人工或天然的）东西时，它的最终形状与其自身用途息息相关。孩子可以从中巩固自己观察和收集信息的能力，学着使用技术解决问题。

进一步

和孩子一起调查地基、基座和支架。在桌子上玩积木的孩子会注意到，自然界中并没有类似的平整几何面：桌面很平整，所以平整的积木能立在上面；但对动物来说，它们要靠脚趾和爪子紧紧抓住凹凸不平的树杈，才能保证不会掉落。

小提示

参考第 23 项活动"生根发芽"，研究一下植物是怎么扎入土壤的；比较植物的根和建筑物中的水管、天然气管，以及其他管道，都有什么异同。

7 Ant Investigation

蚂蚁大调查

每到四月,蚂蚁就开始在我的厨房里"游行"。它们爬到后门里、架子上,爬过厨台、水池、炉子后面,然后爬出窗外。

它们要去哪里?为什么要去那里?

第一章　关注我们自己，以及身边的小生命

你需要

蚁丘或蚁穴；纸、铅笔和蜡笔；蚂蚁农场（一种模仿蚂蚁生存空间的玩具，可选）；放大镜

前期准备

找机会接触蚂蚁，比如观察户外的一长串蚂蚁，趁机聊聊它们。

怎么做

1. 在草丛或沙地里找一个蚁丘，或是在人行道上找一个蚁穴。
2. 和孩子一起蹲下来仔细观察，让孩子也感觉到你的好奇："嘿，快看它们在干吗？"（记住，科学里没有恶心的东西。）
3. 鼓励孩子盯住一只蚂蚁，并告诉你它在做什么、搬什么，又准备运去哪里。
4. 和孩子一起观察5~30分钟——孩子愿意的话，可以延长时间。观察其中一只或几只。只是观察，不要把它们拟人化（不要说："瞧，蚂蚁正在帮妈妈往家里拿面包呢！"）。
5. 提一些问题，突出你对这群奇特生物的好奇："嘿，它们都在找面包屑。它们怎么知道那里有面包屑？它们会互相沟通吗？"或者，"那只死掉的蚂蚁被运回蚁丘了。你觉得它们会怎样处理它的尸体呢？"

后续活动

- 鼓励孩子画蚂蚁，记录蚂蚁的行动，或者画一张它们的运动轨迹示意图。
- 利用蚂蚁农场了解蚁丘的内部。
- 利用放大镜观察一只蚂蚁尸体，先仔细研究，再画下来，然后进行解剖，想想它是怎么死亡的。

活动用意

你、孩子，还有蚂蚁——这就是一次迷你狩猎旅行，也是在进行自然研究：在野外研究野生动物，要尽可能地不去干扰它们。关键在于观察，即紧紧盯住一只蚂蚁（小孩和老人很难做到），推断一下它当天的工作内容。

进一步

为了获得更多的蚂蚁知识，你可以带孩子去博物馆，向孩子示范如何通过网络查询，或是去书店查阅相关书籍。最后，回到蚂蚁窝继续观察——要用上你们新学到的知识。

小提示

试试以下蚂蚁农场品牌：
- "米尔顿叔叔的蚂蚁农场"（Uncle Milton's Ant Farm）
- "蚂蚁城"（Ant City）

8 观察蚯蚓（1）
A Jar of Worms
(Worms: The Short Version)

这项活动不用怎么碰蚯蚓，
但也可以提供了解蚯蚓的好机会，
记住，科学里没有恶心的东西。

你需要

泥铲或勺子；(你家后院或公园里挖的)泥土、两三条蚯蚓；桶；一个大玻璃罐(越大越好)；盆栽土；沙子；水；纸；铅笔和蜡笔，或者照相机

前期准备

和孩子聊聊蚯蚓，问问他是否了解蚯蚓在地下的活动。蚯蚓对土壤有好处吗？为什么蚯蚓身上是一环一环的？诸如此类。

怎么做

1. 帮孩子在自家后院或公园里用泥铲挖出蚯蚓，放进桶里。桶里要先放入一些松软的土。
2. 把盆栽土、泥土和沙子分层装入罐子，铺至罐身的3/4处，以便清楚地看到土质的种类和颜色。每种土质在罐子里铺两层，每层厚度1~2厘米。
3. 往罐中洒入少许水，让土层表面保持松软。
4. 将蚯蚓放入罐子。
5. 和孩子一起观察蚯蚓的活动。

后续活动

- 鼓励孩子画出、记录或拍下他所观察到的蚯蚓。
- 如果你想饲养它们，那就做一个蚯蚓盒 [参见第 9 项活动 "观察蚯蚓（2）"]。否则就把它们放回大自然。用铲子松土，让蚯蚓更容易钻回去。

活动用意

透过罐子的玻璃壁，孩子能观察到蚯蚓在里面打洞，分层的沙土会渐渐混合起来。这项活动能让孩子认识到，蚯蚓挖洞可以把空气带入泥土，从而营造出一种更适宜植物生长的环境。

进一步

蚯蚓对植物有好处？试验一下便知！

小提示

- 往罐子里放入几片枯叶，看看会发生什么。
- 观察虫泥。虫泥就是虫子在土壤表面和内部留下的小堆粪便，能让土壤变得更肥沃。这也是蚯蚓对花园的一大贡献哟！

9 / 观察蚯蚓（2）

Wormery, Sweet Wormery (Worms: The Full Treatment)

没了蚯蚓会怎么样？
赶快来一探究竟吧！

你需要

木头或塑料盒子（里面要装上蚯蚓培土，或者盆栽土和苔藓的混合物）；（你家后院或公园里挖的）泥土、蚯蚓；铲子或勺子；桶；带有小孔的布（用来盖盒子）；燕麦片、种子、生菜

前期准备

和孩子仔细阅读这项活动中的每一个步骤，然后一起制订计划，看看从哪里能找到蚯蚓，并把所需的材料配备齐全。

怎么做

1. 往盒子里盛入蚯蚓培土，或者盆栽土和苔藓的混合物。把盒子放在屋内背光处。
2. 用铲子在自家后院或公园里挖出蚯蚓，放进桶里，并覆盖上潮湿的泥土。只抓几条即可。
3. 将蚯蚓放入盒子。
4. 用带孔的布把盒子盖住，不要留缝隙。把蚯蚓盒放置在阴凉处。
5. 定期检查盒子里面的培土，保持湿润。
6. 让孩子把燕麦片、种子或生菜放在土上喂蚯蚓，每周喂两次。
7. 随着蚯蚓翻搅泥土，土壤会吸收并增加新的物质，从而变得肥沃。从盒子里取出一些土壤放入花盆或后院里，然后多回填一些培土。

后续活动

- 还可以喂给蚯蚓：果皮和菜屑、草屑或盆栽植物碎片、枯叶、蛋壳，甚至昆虫尸体。蚯蚓会把它们变成有机堆肥。
- 尝试培育各种蚯蚓（可以从鱼饵店或园艺店购买）。

活动用意

想要了解一种动物，最好进行长时间的观察。孩子通过观察蚯蚓、注意土壤变化、喂给蚯蚓不同的食物、拿出虫泥来栽培植物，得到了宝贵的经验，也理解了地球上最重要的系统之一：分解和营养。简言之，死亡和腐烂的物质可以转化成植物的养料。

进一步

帮助孩子解剖蚯蚓。判断蚯蚓的头和尾哪一端先钻进土里，并观察蚯蚓是怎样移动的。

小提示

延伸阅读：

- *It's Easy to Have a Worm Visit You* by Caroline O'Hagan (Lothrop, Lee & Sheperd, 1980)
- *Worms Wiggle* by David Pelham (Simon & Schuster, 1989)
- 《虫子乐园》，[英]尼克·贝克/著，中国少年儿童出版社
- 《超级炫酷3D立体大百科：昆虫王国大探秘》，[英]珍·格林/著，湖北少儿出版社

10

A Gallery of Spiderwebs

蛛网画廊

如何找到自然界中的规律图案？
以下活动只是一个例子。
你在观察甲虫背面的斑点、狗和猫的条纹、蝴蝶翅膀、树皮和花朵时，也可以这样做。

40

你需要

一张蜘蛛网；纸、铅笔和蜡笔；胶水、绳子或线、水彩颜料、亮片、边角布料、纽扣或毛绒球（可选）

前期准备

和孩子谈谈蜘蛛，一起学习有关知识：蜘蛛有多少条腿，蜘蛛和昆虫的区别，蜘蛛为什么要织网，怎么织网，织网的是公蜘蛛还是母蜘蛛。

怎么做

1. 和孩子一起找一张蜘蛛网。关于蛛网的常见位置和适宜的找寻时间，可参考以下建议：
   - 灌木丛的枝丫之间。
   - 篱笆桩子之间。
   - 房间角落里。
   - 墙壁和晾衣绳之间。
   - 草丛里（某些蜘蛛织的网就像隧道）。
   - 任何微风能拂过的狭小角落。
   - 注意：最好在夏秋的清晨出发寻找。
2. 和孩子一起研究蜘蛛网，聊聊它的构造。蜘蛛网结在哪里？怎么粘飞虫？
3. 找找结这张网的蜘蛛，问孩子：蜘蛛在哪儿？在做些什么？当你轻轻地碰一下蜘蛛网，它会如何反应？当一只苍蝇飞进蜘蛛网，会发生什么？
4. 请孩子画一张蜘蛛网。

后续活动

鼓励孩子继续收集其他的蛛网图片,记录下各类蜘蛛,打造一个"蛛网画廊"。以下是几点制作建议:
- 把线绳粘在纸上,做成"蜘蛛网"。
- 用蜡笔画一张蛛网,然后用水彩涂色。
- 用亮片进行点缀。
- 用边角布料、纸、扣子或毛绒球制作昆虫和蜘蛛。

活动用意

> 首先,孩子会聚精会神地观察一只蜘蛛;在见过很多蜘蛛后,他会开始学习分辨异同,并按照习性给蜘蛛分类,也会根据蛛网的构造、位置、功能给蛛网分类。

进一步

养一只蜘蛛,从夏天一直观察到秋天。观察它每天在哪里结网(通常是在同一个地方,不过还要考虑安全性和风向)。冬天来临时,找一找蜘蛛的产卵地,坚持观察,直到春天到来。

小提示

延伸阅读:
- 《夏洛的网》,[美] E.B. 怀特 / 著,上海译文出版社
  低年龄的孩子也会对这本书感兴趣。书里介绍了很多蜘蛛的故事和知识。

11 蓝色燕麦片
Blue Oatmeal

这是一个昆虫研究项目，适合那些不愿意碰泥土、烂水果或昆虫的人。

你需要

几条粉虫（宠物店有售）；1 杯燕麦片（250 克）；透明的塑料或玻璃容器；蓝色的食用色素；苹果片或土豆片；粗棉布；橡皮筋；昆虫生命周期知识（可上网查询）；智能手机或相机

前期准备

在宠物店购买几条粉虫，问问店员为什么会售卖它们：用来喂什么生物？

怎么做

1. 把燕麦片放入备好的容器，滴入一两滴蓝色食用色素，再搅拌一下。色素无须太多，能改变燕麦的颜色即可，以区分粉虫和燕麦片。
2. 把粉虫放入容器。
3. 把土豆片或苹果片放入容器，以保持内部湿润。等它们变干后随时更换。
4. 用粗棉布盖住容器，再绑上橡皮筋。
5. 和孩子一起观察这些粉虫，记录下它们的变化。在 2~4 周内，它们会经过结蛹阶段，变成甲虫或飞蛾。这取决于你买的是哪一种粉虫。
6. 上网或查阅相关书籍，用准确的专业术语给孩子解释粉虫生命周期的各个阶段及其身体的相应变化。
7. 让孩子每天报告粉虫的变化，也可以录制视频进行比对。鼓励孩子用专业名词进行描述。

活动用意

每当孩子了解到一种动物的生命周期时,他就会加深对生命系统复杂性的了解和尊重。在日常环境中,孩子可能会看到粉虫(如果是在面粉里,那够倒霉)、飞蛾(正对着屏幕扇动翅膀),或者小虫蛹(就藏在树叶下面)。通过这项活动他会明白,生命周期的各个阶段是如何相互关联的。如果饲养甲虫或飞蛾的时间足够长,就有可能得到它们的卵——这样就有机会重复整个实验过程。

进一步

带孩子去自然历史博物馆或自然中心,参观那里的昆虫展览,并和工作人员聊一聊。和孩子一起观察各种甲虫和飞蛾,讨论一下如何科学地研究它们。最重要的是,要趁机鼓励孩子向专家提问。

小提示

可以在专用养殖器具内饲养帝王蝶(这一蝶种可在成熟后放飞),比如"蝴蝶花园"(Butterfly Garden)。还可以养蚕。蚕很好饲养,而且很可爱。

延伸阅读:
- 《少年自然探秘文学系列·毛毛虫与蚕》,焦耐芳 / 著,中国青年出版社
- 《唱唱的蚕》,申赋渔 / 著,江苏凤凰美术出版社

12 / 蜗牛爬爬爬
On the Trail of a Snail

蜗牛行动迟缓、容易饲养，而且非常有趣，是让孩子学会观察、照料、理解生物的理想"教具"。

你需要

3~4只蜗牛（可以从宠物店或网上购买）；1~2个透明的塑料或玻璃容器；生菜；粗棉布；1~2根橡皮筋；一片玻璃、一点儿食物、边角布料和树叶（可选）；小块儿胡萝卜或燕麦片；蜗牛烹饪菜谱

前期准备

订购几只蜗牛，并备好盛放它们的容器。

怎么做

1. 和孩子聊聊蜗牛，问问他蜗牛壳里有什么。
2. 蜗牛买回家后，请孩子把它们从外包装里拿出来（或是他在一旁看着你拿）。
3. 把蜗牛放入备好的容器，再加些生菜，为它们提供水分和食物。
4. 用粗棉布盖住容器口，再用橡皮筋绑牢。
5. 放好容器，仔细观察。建议孩子做以下事情：
   - 拿出一只蜗牛，放在玻璃上。在玻璃边缘放些食物，观察它如何寻找食物。研究它身后留下的一道黏液，和孩子讨论黏液产生的原因。
   - 把各种东西（边角布料、树叶）放入容器，观察蜗牛的行为。它会爬到什么东西上？
   - 观察、研究蜗牛，判断它们的生活习性。它们是怎么移动、进食和睡觉的？
   - 把各种食物（小块儿胡萝卜和燕麦片）放入容器，进行研究。它们最喜欢吃哪一种食物？

第一章　关注我们自己，以及身边的小生命　　47

后续活动

- 尝试第 13 项活动 "螺旋图案"，把蜗牛画下来——这也是在学习数学。
- 聊聊怎么吃蜗牛，查询烹饪蜗牛和其他软体动物的方法。
- 注意：如果容器里面变得太冷、太热或太干燥，蜗牛就会进入休眠。它们会"闭门谢客"——缩进壳里、封起入口，直到外部环境改善。

活动用意

> 大多数孩子都比较了解脊椎动物的生活习性和生理特点，但对于无脊椎动物所知甚少。意识到软体动物需要一个外壳来自我保护，这会让孩子眼界大开，也会引导他们留意生物与非生物的属性差异——这是早期科学教育的一个关键概念。

进一步

从水族用品店里买一些淡水蜗牛，和普通的蜗牛比较一下。

小提示

一些宠物店会出售蜗牛，你也可以从网上订购。

13

Snail Spirals

螺旋图案

用蜗牛壳来启发孩子，让他们探索自然界最常见、最漂亮的一种规律图案——螺旋。

孩子还在哪里见过这种形状？

六岁的山姆说："肉桂卷上有……画上也有……就是我乱涂的那种画。"

第一章　关注我们自己，以及身边的小生命　　49

你需要

蜗牛壳（空壳亦可）；螺旋状的（人造或天然）物体；纸、铅笔、蜡笔或相机；剪贴簿

前期准备

在开始之前，最好先做完第 12 项活动"蜗牛爬爬爬"。

怎么做

1. 和孩子一起仔细观察蜗牛壳，问他是否知道蜗牛壳形状的由来。
2. 让孩子描述蜗牛壳，可以用手比画（毕竟很难用语言形容）。
3. 问问孩子在哪里见过类似的形状。在你的家里找一找（例如弹簧玩具、螺旋笔记本和发卷）。
4. 将搜寻面扩大到社区。在建筑物中，可以找找螺旋装饰、旋转楼梯、（理发店前的）旋转灯箱等；在自然环境中，可以找找葡萄藤、豌豆秧、花蕾等。
5. 同孩子讨论这些螺旋状物体。它们的螺旋状是如何形成的？为什么要长成（或做成）这个样子？
6. 帮助孩子记下、画下或是拍下他的发现。
7. 做一个记录螺旋图案的剪贴簿，继续让孩子加入新发现。

后续活动

第 42 项活动"肉桂卷里的化学"非常适宜在这项活动之后做。

活动用意

孩子在找到螺旋图案时，会提出许多问题。为什么上面会有螺旋——是为了抓得更牢吗（比如螺丝钉或葡萄藤）？是为了拓展容纳空间吗（比如旋转灯箱、旋转楼梯）？鼓励孩子画出每一个螺旋图案，就是在鼓励他仔细观察、对比和分析物体的结构。

进一步

· 在方格纸的格子里画上螺旋图案，并鼓励孩子剪下来。
· 用纸剪一个圆形。沿边缘向圆心剪一条 2.5 厘米宽的螺旋带。再从圆心穿一根绳子，把这条螺旋带挂在靠近空调出风口的位置。观察一下风是怎样影响螺旋带运动的。

小提示

如果住在海边，你就能看到许多大小不一的海螺壳。

14 / 水下世界
Underwater Art

下一个科学前沿课题就是海底世界。
而这项活动能让孩子展开想象：
水下到底是什么样儿？

你需要

可以观察的水下环境；彩色图画纸；和彩色图画纸尺寸相同的纸板；胶水；铅笔和蜡笔；剪刀；布、纸、壁纸、旧杂志和皱纹纸；（透明、绿色或蓝色的）塑料薄膜；胶带或订书机；记号笔

前期准备

和孩子沿着岸边走走，观察水下的景色。也研究一下鱼缸——自己家里的，或者水族用品店里的。

怎么做

1. 请孩子把他在池塘边或海岸边观察到的水下景色创作成拼贴画。
2. 让他挑一张彩色图画纸，当成水下的背景。（可以问："你看到的水下是什么颜色？"）再用胶水把图画纸粘贴在纸板上。
3. 让孩子在布、纸、壁纸、旧杂志和皱纹纸上画出水里看到的各种东西，然后一一剪下来。既鼓励他画大大小小的动植物，也要画沙子或泥土。最后，把图案剪下来，粘贴在图画纸上。
4. 聊聊孩子画的每一样东西。讨论它们对于池塘或海洋的重要性。
5. 不嫌麻烦的话，还可以在图画纸上覆上一层塑料薄膜，看起来会更逼真。用胶带或订书机从纸板后面把薄膜固定住。
6. 用记号笔在塑料薄膜上画出气泡。

后续活动

和孩子聊一聊，如果变换水下的场景（比如从池塘底换至海底），创作出来的拼贴画会有什么不同。

活动用意

> 你是在鼓励孩子回忆自己观察到的东西，并把它们拼贴成一个生态环境。要注意的是，图画中的物体尺寸与现实中的有差异。孩子其实正在进行重要的科学探讨：把观察到的东西做成模型。

进一步

在讨论拼贴画里的东西时，孩子可以从中理解事物之间的关系：这些生物处在食物链的哪一个等级？为什么会有水草？哪些生物生活在池塘底部？哪些生物生活在水面？

小提示

湿拓工艺（Marbling）可以利用油墨和水创作出漩涡图案，让孩子的水下拼贴画美丽别致。可以从网上查询相关做法。

Real Montessori
Education Starts at Home

第二章
蓝绿色星球
The Blue-Green Planet

> 教育是一个由孩子自己进行的、自然的过程。教育不是靠听大人讲话,而是要靠亲身经历。
>
> ——玛丽亚·蒙台梭利

鲜活、会生长的东西,以及它们所处的生态系统,就是这一章涉及的内容。不管你们的家是在山区,还是高楼林立的都市,家长都可以从中找到方法,向孩子介绍生物学、植物学、地质学和地理学的知识。

你们还会发现探索世界的个性化的新方法:与风、光线、夜晚,甚至孩子自己的影子,展开互动!

15

It's Alive/It's Not Alive

它是活的吗？

莎拉说："那些树在动。"
"是的，那是风吹的。"她的朋友回答。
莎拉又说："不对，是那些树自己在走来走去。我能看见！"

你需要

一个有动植物的自然环境；一个人造的环境

前期准备

在讨论生死或孩子问到某个东西是否活着的时候，可以引出这项活动。

怎么做

1. 和孩子一起去有动植物的地方走走。告诉他，这趟散步是为了发现一些活的东西。
2. 当孩子问："它是活的吗？"家长要反问他："什么算是活的呢？"
3. 看看其他东西。这个是活的吗？那个呢？聊聊如何判断某个东西是否是活的。引导孩子理解，如果某个东西要呼吸空气、吃东西，还会发生变化，它就是活的（当然有例外）。
4. 把一路上看到的东西，活的或不是活的，分类记录下来。

后续活动

也可在其他场景中利用别的东西开展活动，包括人造的环境（比如厨房里的厨具）。

活动用意

这项活动有助于孩子理解某个东西是否是活的。对于较小的孩子,这是个很难理解的概念。"公交车会动,它不是活的吗?""那只苍蝇两分钟前还活着,怎么现在死了?""我撞到椅子时,椅子会疼吗?椅子是木头做的,木头原来不就是树吗?树是活的啊,不是吗?"只有讨论并研究了很多例子后,孩子才会真正明白:很多东西是活的,而且它们的存活方式和人类不同。

进一步

从实物到照片或图画,可供讨论的还有很多。参见第 16 项活动"生物卡片"。

小提示

有条件的话,可以聊聊恐龙,进而引出那些曾经生活在地球上的生物。参见第 21 项活动"恐龙的时间线"。

16 生物卡片
Life Cards

它们是一样的吗?
它们有什么不同?

你需要

一些自然物体（例如动物、树木、昆虫、鸟类等）的照片，或是一套自然知识卡片

前期准备

鼓励孩子自行研究自然知识图片，并进行辨别和讨论。

怎么做

1. 家长选出一张哺乳动物的图片，请孩子另外找出一张类似的。
2. 讨论一下孩子所选的那一张。这两张图片都有哪些共同点？
3. 让孩子选出另外一种动物的图片，由你来找出与之有共同点的那一张。讨论这两种动物的相似之处。

后续活动

鼓励孩子按照他选定的属性，给图片上不同科[1]的生物归类。

---

[1] 界、门、纲、目、科、属、种，是一种生物分类方式，一级比一级更为详细和具体。比如，河马属于动物界、脊索动物门、哺乳动物纲、偶蹄目、河马科、河马属、河马。——译者注

活动用意

这个活动看似简单。假设你选了一匹马的图片,而孩子选了一只鸭子。他会说:"它们都住在农场里。"这没关系!不过也有其他的分类方式:长四条腿的/长两只翅膀的;会游泳的/不会游泳的;活的/不是活的;自己会动的/不会动的;胎生的/卵生的,等等。这个游戏玩的次数越多,孩子知道的特征也就越多,也更加清楚如何抓住这些特征进行比较。更重要的是,你是在为他培养一项重要技能:科学分类。

进一步

向孩子介绍生物的科学命名和分类。引导他理解用来区分昆虫、蛛形纲动物、软体动物、鱼类、鸟类、有袋类动物、哺乳动物、爬行动物和两栖动物的特征(家长在描述时可参考生物书籍或互联网)。先从某些**纲**的个体开始,再过渡到其他分类层次。

小提示

随着孩子对分类的了解加深,家长可鼓励他收集每个**纲**下面多个**种**的图片。

17

Night Walk

晚间散步

"我看见月亮，月亮也能看见我。"

你需要

晴朗的夜晚；自然环境；手电筒；纸、铅笔和蜡笔

前期准备

- 选一个晚上，不给孩子讲故事，而是聊聊外面正在发生的事情：那些要入睡的动物——狼、蛇、鸟、乌龟、松鼠；那些要醒来的动物——蝙蝠、兔子、浣熊、鼯鼠。引导他意识到，夜晚的动物世界又是另一番模样。
- 选一个安全的地方，晚上和孩子出去散步。城市居民可咨询公园管理员，看看是否有人发起晚间散步活动，或者哪些步行区域比较安全。

怎么做

1. 请孩子陪你在夜晚的大自然中散步。
2. 让他带上手电筒（尤其适宜孩子怕黑的情况）。聊聊夜幕的降临会改变什么。为什么在夜晚一切都变得不同？影子、声音、气味发生了哪些变化？
3. 和孩子一起安静地坐在某处，听一听、闻一闻、看一看。你能听见草丛里窸窸窣窣的声音吗？是老鼠吗？

后续活动

回家后和孩子聊聊散步的经历，并鼓励他把散步时的所想写成故事，或者画下来。

活动用意

晚上带孩子散步，是带他认识周围世界的绝佳机会。你要鼓励他自己提出问题、收集线索、讲述故事。科学就是一个发现秘密、收集线索、讲述故事、得出结论、推翻结论、重新开始的过程。

进一步

不要赶跑后院或花园里的夜行动物。你可以在房檐上挂个蝙蝠屋，给鼯鼠准备些种子，或者在纱窗上挂一盏灯吸引飞蛾。

小提示

延伸阅读：
· 《月下看猫头鹰》，[美] 珍·尤伦 / 著，明天出版社

18 月夜

The Moon by Night

和孩子做这项活动，
你会又一次高兴地发现：
孩子让你重新认识了世界！

你需要

有月亮的夜晚；时钟；铅笔；写生簿；智能手机（可选）

前期准备

讨论一下月亮，然后引出这项活动。

怎么做

1. 和孩子一起看月亮时，问他："我在想明天晚上的月亮会是什么样儿？"
2. 看一下时钟，帮孩子把相应的日期和时间记在写生簿的某一页上方。
3. 鼓励孩子观察月亮，并把月亮画在日期和时间的下方，也可以用手机拍下月亮。
4. 在每天晚上的几乎同一时间重复这项活动。另起一页记录，至少坚持一个月相周期（约28天）或更长时间。如果某一天孩子看不到月亮（可能因为是新月或被云彩挡住了），就和他聊聊月亮可能会在哪里。

后续活动

一旦孩子对月亮的阴晴圆缺感兴趣，就让他预测接下来的一天月亮会发生什么变化。

活动用意

> 这项活动鼓励孩子把月亮的盈（变大）亏（变小）看成有规律的变化。在认识到这一点之前，他可能会认为月亮会随机出现，会跟着他走，而且形状也时有变化。问问他对此的想法——他很有可能觉得每晚挂在天上的都是不同的月亮！

进一步

月球时代已经到来。和孩子一起翻翻书，研究月球模型，讲讲有关月亮的神话传说（比如嫦娥奔月），以及阿波罗飞船登月的故事。

小提示

在活动过程中，每一步都要遵循孩子的意愿，尊重孩子的观点。如果孩子说月亮在跟着他走，就反问他："为什么你这样想？"让他讲出自己的想法。不要去纠正他！

19 On Your Mark!

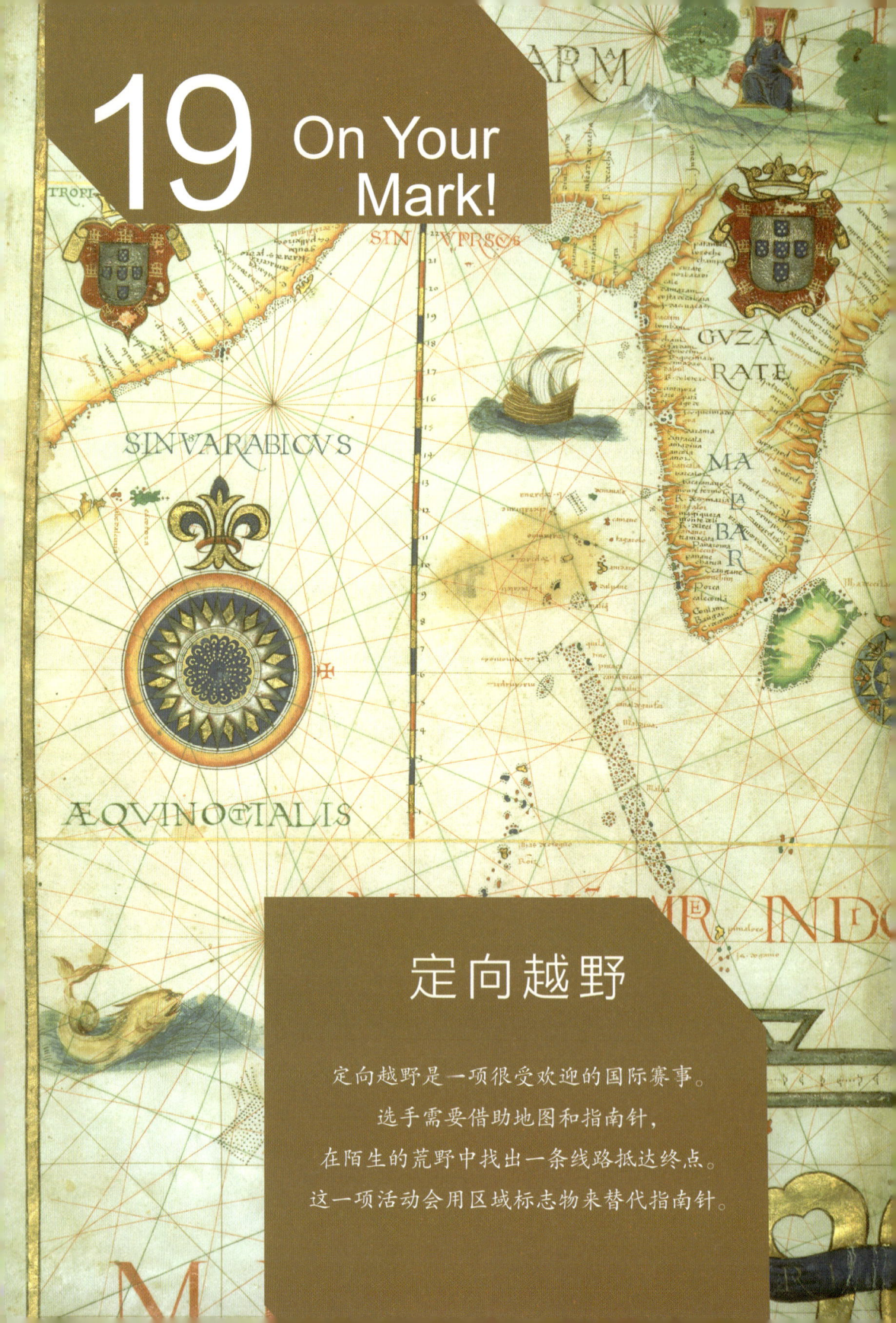

定向越野

定向越野是一项很受欢迎的国际赛事。
选手需要借助地图和指南针，
在陌生的荒野中找出一条线路抵达终点。
这一项活动会用区域标志物来替代指南针。

你需要

定向越野赛场地（你家后院或公园）；纸；彩色铅笔或彩笔；剪刀；纸板；打孔器；丝带；记号笔；秒表（可选）

前期准备

和孩子一起，绘制一张定向赛场地（比如你家后院）的地图。要画上显著的地形特征，比如建筑物、树木、墙壁、道路、岩石等。完成后，复印几张备用。

怎么做

1. 家长先要自己做好区域标志物（在没有孩子参与的情况下）：
   - 把纸板剪成 8 厘米见方的方形，这就是标志物。在每张方形纸板的边缘钻一个孔，穿好丝带并系好。
   - 从"1"开始给标志物编号，把它们放入定向赛的场地。
   - 根据标志物上的数字，在地图上标示相应的区域。
2. 和孩子商量一个起点。
3. 告诉他要利用地图寻找路线。和他一起仔细观察，把地图和真实场地的地形特点及区域状况一一"对号入座"。标出一些地标性建筑。
4. 让孩子观察地图，带你们前往 1 号标志点。鼓励他解释一下为什么要选这条路线。你也可以在一旁"实况解说"："他在秋千处转向北，正朝着那棵松树前进……能找到标志物吗？找到了！"注意：刚开始时，孩子可能只会在场地里来回跑着抓标记玩。这并不要紧。以后再和他玩一场定向赛，教他如何对应着地图，找出 1 号标志物，然后是 2 号标志物……等到他能熟练地看地图时，你就可以把标志物放得更隐蔽些。

后续活动

- 选新的地点放置区域标志物，并绘制一张新的地图。再玩一次定向越野。
- 让孩子藏好标志物，并在地图上标示出相应区域，然后由你来找。
- 给孩子计时（如果他愿意）。
- 和孩子绘制其他场地的地图，在新的场地玩定向越野。
- 多找几个孩子进行一场"真正的"定向赛。先制作不同形状或颜色的标志物，让他们选出自己喜欢的。放好标志物并标示完地图后，再给孩子每人一张，让他们同时出发，参照图示寻找自己选定的标志物。

活动用意

在这项活动中，孩子的注意力会从现实世界转移到概念符号，然后再转回现实世界。他需要多次快速地转移注意力。玩定向越野赛需要在地图上"定向"自己——弄明白怎么看地图、跟着路线走，并把地图和真实的场地区域一一对应。参加定向赛，可以培养孩子对比例关系的了解和空间感，锻炼他的观察力，并理解方向、地质和地图的概念。

进一步

参加定向赛的人通常使用指南针和地图定位。孩子长大一些后,你可以教他(或和他一起学习)如何使用指南针。学会使用后,你可以在地图上画一个指北针,以巩固孩子的指南针使用技能。

小提示

孩子们通常会两三个一组寻找方位;大人要紧紧跟着他们(但不要提供建议),不要让他们离开视线!

20
Volcanoes

火山模型

岛屿是怎样形成的?
大山从哪里来?
都与火山有关!
如果孩子能自己制作岛屿和山丘,
当然也能做出火山。

你需要

制作火山的材料：
2份燕麦片、1份面粉、1份水（把它们混合均匀）；大号烤盘；颜料和画笔

模拟火山喷发的材料：
1/4杯（60克）小苏打；2个小号容器；红色或橙色的食用色素（可选）；1/4杯（60毫升）白醋；洗洁精；报纸；世界地图（可选）

前期准备

和孩子一起用潮湿的土和沙子堆个山包。

怎么做

1. 帮孩子制作火山模型。把燕麦片、面粉和水的混合物放入烤盘，再堆成山形。在山顶开一个凹口，足够放下备好的小号容器即可（不过现在先不要放进去）。把烤箱的温度调至120℃，烘烤2个小时，直到把"火山"烤得又干又硬。
2. 凉却后，让孩子把"火山"涂上颜色。
3. 把小号容器放在山顶的凹口处，并加入小苏打。
4. 往另外一个小号容器里倒入一些白醋，再滴入食用色素和洗洁精，搅拌均匀后放置一边。
5. 和孩子聊聊火山为什么会喷发："地球内部的炽热气体越聚越多，终于突破地球表层（地壳）的薄弱部位，喷发出来。"

6. 让孩子想象一下，他制作的"火山"已经在地球上屹立了很长很长时间。每一次喷发都会有岩浆涌出，而随着一层层的岩浆逐渐变硬，山体也越来越大。
7. 把"火山"拿到室外，或者在它的下面铺好报纸。让孩子把白醋和洗洁精的混合物倒入盛着小苏打的容器里。小心！火山要喷发了！

后续活动

- 和孩子一起学习更多的火山知识，了解火山在岛屿和山脉的形成过程中所起的作用。
- 在世界地图上找一找活火山。夏威夷有一些很有意思的火山——有的"岩浆池"已经沸腾了数百万年之久！

活动用意

这项活动不仅会引发对化学问题的讨论，而且家长在解释地表下起伏变化的岩浆时，也是在引入地质学知识。地质学很吸引人，因为有些地质现象无法获得完全精确的数据进行验证和预测。

进一步

不管你住在哪儿,都能发现地表在不断变化的证据。如果你住在美国东部,就可以指着当地的群山告诉孩子:它们曾经是火山,后来变成了陡峭的山峰,最后又被冰川打磨成松软的山丘;而在美国西部,流水一路侵蚀下来,在沙漠中留下形状怪异的路径,山峰则有沉有降;在北美大草原上有贝壳和石灰岩,说明那里曾是海底。

小提示

在这个实验里制作的"火山",类似于夏威夷的盾状火山。这种火山的岩浆会向外溢出而不是喷发。而要制作会喷发的层状火山(比如圣海伦火山和长白山),就要把几千克熟石膏做成坚固的山体。把 1 汤匙(15 克)的重铬酸铵晶体放入容器里。(注意:重铬酸铵晶体和它的烟雾有毒,做实验的时候要让孩子远离。)划一根火柴点着,然后迅速跑开。点燃晶体后,火焰就会喷出来。虽然这项活动不适宜胆小的人,不过它的视觉效果非常惊人。

21 恐龙的时间线

Dinosaur Timeline

这项活动有一定的难度。不过，
如果孩子很喜欢恐龙，而且很想了解相关知识，
这会是一个绝佳的机会——
能教他如何探索自己想要的答案，
并学会深入思考。

你需要

一道长长的墙面；铅笔；几张图画纸、蜡笔；剪刀；记号笔；胶带；信纸；自然历史博物馆或上网查询的相关资料

前期准备

这项活动可以持续好几个月，慢慢来吧。开始时你可以先问孩子："什么动物在地球上出现过但现在消失了？"孩子可能回答说恐龙。

怎么做

1. 可以说："我想知道地球有多少岁了。"和他一起讨论一下：世界是如何形成和变化的，恐龙时代的地球都有什么生物。
2. 和孩子一起在图画纸上画一个箭头，并剪下来。用记号笔在箭头的前端写上"现在"，在箭头的尾部写上"起始"。最后，从中间把箭头剪开，"现在"和"起始"就分开了。
3. 让孩子用胶带把箭头的前端粘贴在墙的一边，而尾部贴在另一边。
4. 再在中间的空白处贴上长条的图画纸，一个长长的大箭头就在墙上出现了。
5. 问孩子："嗯，你觉得中间的这一长段时间里都发生过什么？"和孩子一起列出可能发生过的各种事件，尽量多写。
6. 参观自然历史博物馆，或者在网上搜索你们列出的事件。鼓励孩子为每一个事件配图，然后标注年份或大概时间，比如"5 000万年前"。
7. 按照事件的先后顺序，把图片一一粘贴在"现在"和"起始"之间的空白处。有新的发现时可以继续添加。

后续活动

利用这个时间线给孩子讲讲关于时间的故事。最先发生了什么？后来发生了什么？恐龙为什么会灭绝？人类是什么时候出现的？

活动用意

对孩子来说，理解时间概念的最好方法就是讲故事，并辅以具体的参照物。我建议把时间描述成一个故事（从创世之初一直到现在），因为孩子也是这样理解时间的。事实上，很多成人也会觉得"宇宙膨胀说"就像故事般不可思议！

进一步

把时间线留在墙上。等孩子长大后学到更多有趣的知识，就可以继续添加新发现。比如，恐龙统治了几个地质年代（各种恐龙是陆续出现的）？哪一种恐龙最先出现？哪一种最后出现？把它们按顺序标在时间线上。

小提示

教孩子利用准确的专业术语描述恐龙和其他物种、地质变化与纪元。

延伸阅读：

- Share Digging Up Dinosaurs by Aliki (Crowell, 1987)
- 《时间线》，[比] 彼得·胡斯 / 著，中信出版社
- 《恐龙百科全书》，印度 XACT 公司 / 编，地震出版社
- 《恐龙王国大发现》，龚勋 / 编，同心出版社
- 《恐龙大揭秘》，瑾蔚 / 著，未来出版社

22 / 把 大 自 然 装 进 去
Collector's Bag

缝一个包，
装进孩子在大自然中收集的宝物。

你需要

剪刀；塑料布或油布；打孔器；麻绳或粗线；透明胶带；防水记号笔；一处能散步的自然场所

前期准备

为孩子阅读和讲解缝包的制作过程，让他清楚每一个步骤。从起步到结束，过程本身就是一段宝贵的经历。

怎么做

1. 从塑料布上剪出一个 12 厘米 × 8 厘米的长方形。
2. 让孩子把这个长方形沿长边对折，得到一个小长方形。折线就是包底，8 厘米长的两条边就是包的开口，折线两侧的短边则是包的侧边。
3. 用打孔器在包的两侧打几个孔。
4. 剪一条 1 米长的麻绳。用胶带缠好麻绳的一端，以增加硬度、利于穿孔。把缠着胶带的麻绳端穿进包的一侧离折线最近的一个孔，只留一小段麻绳在外面。把这一小段打成结，再把绳子从同侧相邻的另一个孔穿出来。穿至包的开口处时，要把绳子拉到包的另一侧，穿进靠近包口的孔里。继续往下穿完所有的孔，再把缠着胶带的这一端也打成结。包的开口处的那段绳子就是提手。
5. 让孩子用防水笔把自己的名字写在包上。

后续活动

带上包去收集大自然中的宝物吧！给孩子介绍他感兴趣的东西都有什么用途，让他认识到为什么只能拿走少量的种子、花朵、石头和其他东西。每一次你们去野外做这项活动时，都要先看看当地是否允许收集这类样本。

活动用意

> 帮孩子制作收藏包，就是帮他树立自信，让他觉得自己捡到并带回家的东西很有意思。这些从各处收集来的样本会汇集成一个大自然的"藏品库"，从贝壳到松果，琳琅满目。而且每一种"藏品"都能增进孩子对大自然的理解。

进一步

鼓励孩子扩充自己的"藏品库"，并进行分类。当然，不能涉及濒危物种或危险品。孩子可以通过收集来理解自然的某些特点，并培养其对挑选、匹配、分类等重要概念的认知。

小提示

散步的时候带上相机，随手把那些不能带走却很有意义的东西拍下来。

23

Sprouts Up, Roots Down

生根
发芽

这项活动能让孩子理解生命中最奇妙的规律之一：成长和变化。

你需要

碎石块；几个透明的饮料杯或直壁的玻璃罐；盆栽土；4~5颗不同品种的种子；透明的塑料膜；橡皮筋；大头针；书

前期准备

和孩子聊聊植物：植物为什么能生长？它们怎么知道要朝哪个方向生长？它们能横着长或倒着长吗？

怎么做

1. 和孩子一起做实验，看看种子是怎样发芽的。
2. 在玻璃罐底部铺上一层2厘米厚的碎石块，以利于排水，再往里面铺土，铺至罐身的一半。
3. 把一粒种子贴着内壁竖直放入罐中——确保盖上土后还能看到它。告诉孩子，他将看到这粒种子发芽、长成一株植物。再往罐子的中间埋入相同品种的种子。最后，继续填土，直至距离罐口约2厘米处。
4. 把土弄湿，用塑料膜盖住罐口，并绑好橡皮筋，再在塑料膜上用大头针戳几个小孔。
5. 以同样的方式，把其他品种的种子种到别的玻璃罐里。和孩子一起猜猜哪粒种子会最快发芽，并看着它们长成幼苗。在幼苗破土之前，你能观察到挨着罐子内壁的种子的变化。和孩子讨论，藏在土层中间的种子是否也在变化。
6. 一旦种子发芽，就去掉塑料膜，把罐子移到有阳光照射的窗户旁。

后续活动

引导孩子意识到，植物会向着阳光生长。这一点很容易发现——只要一两天时间，它们就会朝向窗户生长。你可以转动一下罐子让植物长得直一些，或者就让它们随意生长。然后并排着摆上一个罐子，找一本书遮住它。被遮住的幼苗怎么找到光线？会朝哪个方向生长？

活动用意

孩子会留意到不同种子在播种前和生长期的差异。不过最重要的是，他会注意到它们的相似之处，也就是每颗种子共同的生长特性：无论如何调整罐子的位置，幼苗都会朝着光线生长。他也会进而认识到光对植物生长的重要性。

进一步

教孩子如何照顾他的植物：浇少许的水、移植到户外或靠窗生长。当幼苗的根系触到罐底时，你就要换个更大的容器了。

小提示

有些种子容易发芽：黄豆、豌豆、金盏花、胡萝卜、辣椒、百日草、鼠尾草、迷迭香、香菜……

24 蒲公英标本
Dandelion Census

做过这项活动之后,
当有人再形容他"长得像野草一样快"时,
孩子就明白是什么意思了。

你需要

蒲公英或其他常见的野花；两张白纸；比较厚重的书；两张蜡纸；纸质标签；记号笔；报纸；熨斗；图画纸和彩色铅笔

前期准备

这项活动只能在蒲公英盛开的季节进行。田野里、公路边，这些地方的蒲公英比公园里的更多（公园里野菊花比较常见）。蒲公英的花期为 4~10 月。如果周围没有蒲公英，就换一种你们当地更为常见的野花。野胡萝卜花就不错，不过它的花期更短。

怎么做

1. 观察一朵蒲公英，看看它的生长地，和孩子聊聊它为什么会生长在那里。如果那片地有很多蒲公英，就让孩子去采一朵。
2. 把蒲公英摘回家，教孩子制成标本：把花放在两张白纸中间，插到一本厚重的书里，放置一个星期后待它完全干燥平整即可。
3. 从书里拿出蒲公英，放在两张蜡纸中间（有蜡的一面对合在一起）。在花的下面放一张纸质标签，写上你们发现它的时间和地点。再找一张报纸放在蜡纸上，隔着报纸用熨斗稍稍加热，两张蜡纸会黏合起来，把花封存在里面。
4. 和孩子一同出游时，也鼓励他多找一找其他种类的蒲公英。从不同的地方收集样本，观察它们之间的差异。聊聊蒲公英的生长环境。也把新品种做成标本，丰富你们的收藏。

后续活动

· 做一本蒲公英的"收藏册"。把样本并排在一起比较。它们的形状有什么区别？它们的生长环境有哪些不同？哪一处生长地最为奇怪？哪一处的蒲公英最多？
· 做一张当地的地图，标记出蒲公英的收集地点。

活动用意

你和孩子做了一次蒲公英侦探，到处寻找这些有着黄色花簇和独特叶子的小东西。虽然蒲公英种类繁多，但孩子可以学着用"蒲公英"统称它们。利用属性识别同一类群的不同成员，这是孩子需要掌握的一项重要技能。做这项活动，孩子还可以观察到蒲公英的各种生长环境，认识并尊重这种"野草"的顽强生命力——"春风吹又生"。

进一步

鼓励孩子观察一片蒲公英地在一段时间里的变化。所有蒲公英都在同一时间播种吗？它们被割断后会怎样？会再生吗？需要多长时间？帮助孩子设法得出答案。

小提示

有一个传说：把蒲公英的白色绒球吹散，并许下一个愿望，这个愿望就能实现。鼓励孩子吹一吹蒲公英，看看它的种子能飞多远。蒲公英会从那里长出来吗？一起等等看吧。

25 Barking up the Trees

观察树木

学习分辨身边的树。

你需要

一棵树(用来研究);10~15 厘米长的空白索引卡;铅笔或记号笔;相机(可选);胶带;叶子标本和树的种子(可选);介绍树木的书籍;卡片盒

前期准备

请孩子选一棵树,和他聊聊它的高度、外观、树枝张开的样子、树根深入地下的样子。谈谈它随着季节发生的变化,树枝上和树荫下都生活着哪些动物。

怎么做

1. 请孩子帮忙记住这棵树,并把它画在索引卡的其中一面上。
2. 让孩子在索引卡的另一面画树皮。先让他触摸真实的树皮,说说手感,然后你(或他)把对树皮的印象记在画的旁边。描述一下树皮的颜色。也可以给树皮拍照。
3. 如果能找到这棵树的叶子标本,就让孩子用胶带粘贴在索引卡上。然后,粘贴上它的种子(例如栗子、橡子)或种子的照片。最后,画出它的果实(例如苹果、柠檬)。
4. 利用这类信息确定这棵树的品种。如果你知道而孩子不知道,可以告诉他答案,或者引导他查阅相关书籍。帮他把树的名称写在卡片上。

后续活动

- 重复这一过程，继续用索引卡收集其他树木的信息。让孩子通过它们认识新的树种，以及同一树种的不同个体。
- 带一颗种子回家种下来。需要多长时间才能长成一棵小树？

活动用意

这项活动意在培养孩子对宏观和微观事物的关注，也是在引导他利用树木的所有特征去分辨它们。做一套树木"收藏卡"很有趣。每去一个新地方，你都可以借助这些卡片找出对应的树木！

进一步

聊聊树的种子是如何传播到别处、钻进土里长成大树的。即便你们当地只有几种树木，探讨起来也会很有意思！

小提示

不要拿树皮当样本。如果撕下树皮，树就会生病或死掉。要想仔细观察树皮，可以从掉落的枝杈上剥一点儿下来。

26 Wood Collection

木材之旅

假如土拨鼠能收集木头，
一只土拨鼠能收集多少木头？①

---

① 该句由一句英语绕口令转化而来，绕口令的中译文为"假如土拨鼠能扔木头，一只土拨鼠能扔多少木头？"（How much wood would a woodchuck chuck if a woodchuck could chuck wood?）——译者注

你需要

树桩；木头样本；透明塑料盒；锯；木材场

前期准备

这是一项长期的实验活动，需要收集各种木头样本。收集的方法多种多样，所以每收集一个样本都是一项单独的活动。

怎么做

1. 让孩子观察一个树桩。聊聊上面的年轮，告诉他树每过一年就多长一圈年轮。讨论不同宽度的年轮，并引导他意识到：年轮较宽说明当年的养分和水分充足。研究树桩，可以知道是否发生了病虫害、旱灾，甚至火灾。帮助孩子找一片树桩上的残木，带回家收藏。把它放在一个透明的塑料盒里。
2. 在小树林或公园散步时，鼓励孩子继续丰富自己的木头"藏品库"。可以捡一些枝条或浮木。
3. 聊聊这些样本都来自哪些树，它们为什么会在那里（是被暴风雨打落的还是腐烂掉的？从池塘或海洋的另一边漂来的？），它们的生长情况（是鲜绿的还是要烂掉了？干掉了？）。
4. 切开一些样本，让孩子仔细观察上面的图案和纹路。引导他注意：木材的横截面和他最开始看过的树桩很像。

后续活动

和孩子一起参观木材场，看看各种木头。抽几张木板，看看上面的纹理和结瘤。聊聊圆滚滚的树干是如何加工成平整木板的。向伐木工人要一袋碎木屑，添进你们的"藏品库"。

活动用意

> 孩子是在仔细认真地研究木头——木头非常适合观察；而你则是在鼓励孩子关注木头的特点，并分析影响其生长的因素。做这项活动，孩子会更好地了解树木的生命周期。

进一步

用木头做些东西，进一步研究它的属性。比如，做一个小盒子盛放孩子收集的木头样本。你需要把木头锯开（竖着锯还是横着锯？），固定（用胶水、钉子或螺丝），修整（清漆有什么用处？）。这会让孩子进一步了解木头。

小提示

如何辨别不同种类的木头？这些方法可供参考：根据气味、质地、纹路、颜色、柔韧性判断。比较一下树杈、木板和成品家具的异同。

27 把花园装进去
Baggie Garden

孩子可以把这个小花园装进袋子，带到任何地方。兴趣来了？那就开始建个"袋装花园"吧。

你需要

树林或田野；野生或盆栽植物的种子（水果、蔬菜的种子亦可）；泥土；旧金属勺或铲子；（可以系口的）透明塑料袋；水瓶

前期准备

和孩子在林间或田野散步。聊聊各种各样的植物：它们是怎么来到这里生根发芽的？

怎么做

1. 和孩子一起仔细观察野外的植物，试着找到它们的种子。如果附近没有树林或田野，也可以用盆栽植物或水果、蔬菜的种子。
2. 收集一些种子。如果你是在野外收集，记得不要摘太多。
3. 在你们找到种子的地方，让孩子铲一些土装进塑料袋（或者用盆栽土）。
4. 把种子种在塑料袋里的泥土中——泥土要压得紧实一些。
5. 用水瓶往土里洒些水（或是回家后再洒）。
6. 系上塑料袋的袋口，让孩子拎回家。
7. 将塑料袋放在阳光充足的地方，鼓励孩子定期查看。等到种子发芽后，打开袋口，把上层的土松一松，放一些空气进去，保持泥土湿润。

后续活动

回到孩子收集种子的地方，比较那里的植物和"袋装花园"里的植物。它们的生长状况有差别吗？

活动用意

在这项活动中，孩子看到并使用的种子，是来自大自然而非种子袋里的。同样的道理，自然界的土壤也很可能和盆栽土，甚至花园里的泥土，有所不同。孩子会注意到：只要提供了光线充足、温暖、潮湿的环境，种子就可以在各种条件下生长。

进一步

利用不同地方的种子帮孩子做"袋装花园"。看一看、摸一摸不同地方的土壤，感受一下差异。要注意潮湿的程度和天气有关。你还可以买来土壤测试仪，以比较不同土质的酸碱度。哪些植物喜欢酸性土壤？哪些植物喜欢碱性土壤？

小提示

延伸阅读：

- *The Tiny Seed* by Eric Carle (Picture Book Studio, 1991)

28

Wind Hat

风帽

风向袋有什么好？又不能戴。
但下面这顶帽子不仅能让你知道风向，
戴在脑袋上还能挡风呢。

你需要

飘带；袜子；塑料风车或纸风车；棒球帽；剪线钳；铜线或其他可以弯曲的金属线；螺丝钉或别针（可选）

前期准备

跟孩子聊聊风：风从哪儿来，往哪儿吹，风能做什么。

怎么做

1. 选个刮风的天，让孩子为他自己制作一顶帽子。告诉他，这顶帽子会变成风儿的"游乐场"。
2. 带着备好的能够"兜风"的材料去户外：袜子、纸风车、飘带等。鼓励孩子迎风举起它们，看看会发生什么：风儿能把袜子吹鼓吗？能把风车吹动吗？能让飘带飞起吗？
3. 让孩子帮忙想办法，把它们固定到棒球帽上。可以穿过一段金属线，也可以使用别针或螺丝。拿风车来说，可以去掉风车的手柄，把一颗小螺丝穿过风车中心，再固定在帽檐上。固定的方法多种多样，尽情和孩子发明创造吧。
4. 拿着做好的风帽出门。家长先拿着，让孩子看到它在风中飞扬的样子。再让孩子戴上，朝着不同的方向站立，发生了什么？

后续活动

鼓励孩子利用类似的材料做一个风向站,放在窗户外面。

活动用意

> 风向会影响天气、温度、发型、飞机、放风筝、玩棒球……鼓励孩子对风产生兴趣,玩玩和风有关的游戏。这样一来,他就能深入了解这种不可思议的自然力量,也有助于启发他的科学思维——所谓复杂的科学,正是从风帽这种简单易做的东西开始的。

进一步

什么在空中飞?鼓励孩子用纸飞机、飞盘、橄榄球或其他东西做实验。

小提示

参加聚会的时候,戴一顶有飘带的帽子,会很炫酷!

29 饭菜里的学问
Budding Lunch

父母和孩子平时在家里可以经常做这项活动。
它能培养孩子的好奇心,并让他们意识到,
我们吃的食物和植物之间有着重要的联系。

你需要

从菜市场购回的新鲜果蔬（要找一些态度和蔼的商贩）

前期准备

在把植物的各个部分做成菜肴吃进肚里之前，要做一些"预热"——完成第 23 项活动"生根发芽"，以及第 25 项活动"观察树木"。

怎么做

1. 吃饭的时候随意聊聊食物。这顿饭可以说说饭菜的色泽、气味，下顿饭则谈谈质地和口感。想一想你们吃的食物来自植物的哪个部分。这样做是为了培养孩子的好奇心。无论孩子如何回答，都要抱以宽容的态度。
2. 抽一天时间，去卖新鲜食材的市场逛几个小时。可以先问问孩子午饭时想吃植物的哪个部分（比如，他可能要吃"带芽的"）。邀请他和你一道去市场里找一找。
3. 让孩子选一个菜摊，找一找带芽的菜。
4. 让孩子选一种菜，问他："这是植物的什么部分呢？"摸一摸，闻一闻。
5. 和摊主聊聊，看看摊主是否知道这是植物的什么部分。
6. 买些菜带回家，清洗干净。
7. 尝一尝生吃这种菜的味道。选一种烹饪方法。
8. 做好之后端上桌，或者当成午后的小吃。

后续活动

慢慢地接触某种植物的各个部分：根、茎、叶、芽、花、(豆)荚。也可以将水果考虑进来。

活动用意

从植物学到烹饪技能，孩子可以从这项活动中学到很多。你们可以一直做下去，这会很有意思！

进一步

- 选出你喜欢的烹饪方法，编成一本食谱。
- 哪些菜做出来的味道比较奇怪？把它们用到的烹饪方法也编成一本食谱。
- 找祖父母要一些食谱。
- 家长可以在网上找一些（儿童版的）食谱。

小提示

慢慢来，一生当中有很多时间去思考烹饪和食物的事情。

30
踩影子
Shadow Stomp

"妈妈，快看！我站在你的脚上呢！"

你需要

阳光充足的户外场所；第 1 项活动中完成的人体模型（可选）

前期准备

和孩子聊聊影子："看，那是什么？它从哪儿来？是怎么来的？"

怎么做

1. 在等公交车或逛公园的时候，注意观察孩子的影子。装作不经意间靠近他的影子，并站在上面说："嘿，我踩到你的胳膊了！"
2. 孩子也许会跳起来，他的影子也随着挪开了。跟着他跳起，继续去踩他的影子。可以夸张地上蹿下跳，对孩子说："我从你身上跳过去了，有没有感觉？"一直跳，直到他明白你在做什么。
3. 孩子肯定也会去踩你的影子。这样玩一会儿之后说："你踩住了我的头发，但我没感觉，为什么？"聊聊他的答案。

后续活动

- 玩踩影子的游戏。如果你的影子被踩到，那就输了。不想输的话，你就得在躲闪时留意自己的影子。
- 在同一天的不同时间里玩踩影子。和孩子聊聊为什么影子的大小和形状会有区别。
- 带上第 1 项活动中完成的模型，把它摆在孩子的影子旁边，让他比较一下。问他："你觉得哪个和你更像？"
- 观察阴天时的影子、室内的影子，以及夜晚灯光下或月光下的影子。它们有什么异同？

活动用意

孩子是在玩耍和实验,也是在探索一种自然现象。一般而言,阳光照射在物体上,在物体的背面就产生了影子;如果物体移动了位置,影子也会随之改变。"后续活动"中的讨论对培养孩子的科学思维非常重要,不但提供了观察和假设的机会,而且还能检验假设、得出新结论。

进一步

在同一天的不同时间里,用粉笔在地上描出你和孩子的影子。聊聊影子的大小和形状变化,以及变化的原因。

小提示

延伸阅读:

- *Guess What?* by Beau Gardner (Lothrop, 1984)
  这本书里有动物剪影,孩子可以猜猜都有什么动物。
- 《影子》,[韩] 苏西·李 / 著,希望出版社
- 《谁的影子》,[韩] 崔琡僖 / 著,天津人民美术出版社
- 《奥菲利亚的影子剧院》,[德] 恩德 / 著,二十一世纪出版社

31 画影子
Shadow Pictures

描影子，躲影子，看着影子在一天之内变长缩短，想想影子晚上会去哪儿——孩子做完这些事情，就可以开展以下活动了。

你需要

阳光明媚的一天；图画纸；蜡笔或水彩笔；黄色贴纸或太阳形状的贴纸

前期准备

孩子要能和自己的影子玩上很长一段时间。如果他很难做到这一点，就回头做第30项活动"踩影子"。

怎么做

1. 拿一张图画纸去户外，让孩子画下自己、自己的影子，以及太阳。鼓励他站起身转转看看，判断影子的位置与太阳光射来的方向有什么关系（影子总在太阳的相反方向）。
2. 让孩子把你画下来——只画你，不画影子。
3. 给孩子一张太阳贴纸，问："太阳在天上的什么位置？看看你画的'我'，应该把太阳贴纸贴到'我'的哪个方向？"鼓励孩子对应着天空中太阳的位置，把它贴到那幅画上（太阳是初升还是西下？或者正当头？）。
4. 鼓励孩子根据太阳贴纸的位置，画出你的影子。

后续活动

多准备些太阳贴纸。鼓励孩子在画画时画上太阳，然后准确地画出影子。如果天上有两个太阳会是什么样儿？如果有三个呢？

活动用意

通过这项活动，孩子会注意到太阳在天空中的移动（其实是地球绕着太阳转，但孩子要长大些才能知道），以及太阳产生的影响；同时，你也是在引导孩子利用示意图，表现出太阳和某个物体的相对位置关系——这也是产生影子的原因。大多数孩子都能画出太阳，但往往都画在同一个位置。用上太阳贴纸则有这样的含义：变量处在变动之中。这个概念很重要，在描述各种现象的模型或示意图中均有涉及。

进一步

有太阳的时候，在窗台上铺一张橙色、红色、绿色或蓝色的硬卡纸，让孩子摆上各种形状的不易晒化的东西，例如树叶、钥匙、硬币等。几个小时（或一整天）后，拿走彩色硬纸卡上的物体，上面就留下了它们的形状，而未被遮挡的部分已经褪色了。和孩子聊聊其中的原因，为什么被遮盖住的纸面没有发生变化？你还可以用照相感光纸（可以从摄影器材店购买）来做这个实验。

小提示

想了解更多关于太阳和影子的（手工）活动，可以试试著名儿童手工工具箱品牌"小创想家"（Creativity for Kids）推出的一款玩具——"太阳喜洋洋"（Fun with the Sun）。

延伸阅读：
· 《和马里恩大师一起玩创意画》，[英] 马里恩·杜查斯 / 著，中国纺织出版社
· 《莫娜创意绘画》，[美] 莫娜·布鲁克斯 / 著，南海出版公司

32 水面倒影

Rain-Puddle Reflections

有这样一个比喻：
小小水坑能映出世间百态。

你需要

雨天；水坑；一面小镜子；纸、铅笔、蜡笔或水彩笔；手机（可选）

前期准备

找一个下雨的白天或夜晚，和孩子聊一聊雨。想想怎么才能知道外面下雨了：是看到雨点在反光吗？必须探出脑袋，或者打开屋外的灯吗？还是说外面太黑，只能伸出手感受一下？

怎么做

1. 雨后和孩子一起散步，可以看到水坑里有倒影。
2. 停下来看看水坑，问孩子："嗯，你能从里面看到什么？"他可能会说有泥巴、水、树枝、树叶、垃圾、倒影。聊聊他的答案。
3. 走到水坑的另一边。看起来有什么不同吗？倒影有没有变化？和孩子一块儿想想，为什么倒影会有变化——但不要给出科学解释。
4. 找一面小镜子，让孩子从镜子里看这个水坑。他都看到了什么？镜子里的倒影发生了什么变化？为什么？

后续活动

· 鼓励孩子画下这个小水坑，以及里面的倒影。

- 看看其他的水坑，与第一个水坑相比较。把它们画下来或拍下来。
- 比较一下水坑和镜子里的映像。谁的映像更清晰？为什么？谁的映像更完整？为什么镜子里的映像正过来了？

活动用意

这项活动的目的不是要解释发生了什么，而是要引导孩子自己观察和分析。反射现象很难懂。学校至少要到孩子八九岁的时候，才会涉及光线传播和反射的内容。一部分原因是，光线的概念很抽象；更重要的是，只有经过多个角度的观察和体验（对光线来说，的确是"多个角度"观察），分析自然现象才更有意义。让孩子多多摆弄会反射的物品。他在问为什么的时候，鼓励他天马行空地想象一番。

进一步

为较大的孩子演示镜子是如何迷惑大脑的。在一张纸上画一个迷宫，然后把纸平铺在桌面上。把一面镜子靠在墙上，让它能反射出桌子上的纸面。把一本书挡在孩子和纸的中间，让他看不到纸面，而只能从镜子里看到迷宫、他的手和铅笔。鼓励他看着镜子里的反射映像走出迷宫。

小提示

把玻璃的一面涂黑做成镜子，再从另一面看看映像。

33 Rainmaking Machine

人工降雨

有起必有落。

你需要

碎石块、木炭块或豆子；一个大罐子；盆栽土；长柄勺、筷子或细钳子；小株植物；2~3条蚯蚓（可选）；喷雾壶；1~2只蜗牛（可选）；塑料膜；橡皮筋

前期准备

你可以先完成第 12 项活动"蜗牛爬爬爬"。

怎么做

1. 做一个迷你花房。先在罐子底部铺一层碎石，再加一层泥土（至少 5 厘米厚或铺至罐身的 1/4 处）。
2. 往土上洒点水，然后用长柄勺把植物种到合适的位置。如果罐子口足够大，可以让孩子亲手种；如果有蚯蚓，就放 2~3 条进去。
3. 把植物周围的泥土培实。
4. 给植物喷水，要浇透。如果有蜗牛，可以放 1~2 只进去。
5. 用塑料膜盖住罐口，绑上橡皮筋。不要盖上瓶盖，否则你就看不到水汽凝结了。
6. 将这个迷你花房放在明亮凉爽、没有阳光直射的地方（太热或阳光太充足会导致蓝绿藻植物滋生）。
7. 参考第 9 项和第 12 项活动中的方法喂食蚯蚓和蜗牛。

后续活动

等待雨天的到来。观察水汽凝结，和孩子聊聊引起这一现象的原因。为什么会有水汽？水是从哪里进入罐子的？如果水汽不断在罐子顶部凝结，会发生什么？

活动用意

> 你制作的不仅是一个模型，还是一个反映了地球真实生态的小系统——迷你花房就像一个小小的世界。水从植物和土壤中挥发到空气中，在罐子上方的空气中凝结。随着水汽凝结得越来越多，罐子里就开始"下雨"了。水滴落到植物和土壤中，又重新开始循环。

进一步

还有什么方法能降雨？被困于荒岛的人会用防水帆布做冷凝器，从而得到淡水。把话题从迷你花房引到如何制造淡水。鼓励孩子想想其他的降雨方法，并进行实验。

小提示

塑料饭盒是理想的人工降雨设备。鼓励孩子想一想，在饭盒里放些什么能"下雨"。

34

液体和固体的变奏
Liquid-Solid Dance

水总是液态的吗？怎么改变它的形态？

你需要

2个罐子（一个口大，一个口小）；其他容器（比如碗、杯子、勺子）；水；食用色素；冰块；烧水壶；果冻

前期准备

给一个罐子装满水，让孩子往里面加几滴食用色素，再倒入其他容器。倒水的时候，水的形态有变化吗？

怎么做

1. 请孩子在每个空罐子里放一块冰，几个盛着水的容器里也各放一块。发生了什么？聊聊冰块和水都有什么不同的变化。讨论不同罐子里冰块和水的变化。
2. 聊聊冰块：它是水吗？它和没有冻住的水有什么区别？聊聊孩子使用的词汇："你说'冻住'？这个词是什么意思？"
3. 引入固体和液体这两个词。聊聊它们的含义，讨论水是否能固体和液体共存。问问孩子怎样才能把冰块变成液体、把水变成固体。
4. 请孩子动手演示液体和固体的区别。

后续活动

- 烧开水壶里的水，演示一下水是如何变成气体的。
- 和孩子一起做果冻。讨论一下果冻的属性。它是液体吗？是固体吗？还是介于两者之间？（它是一种凝胶。）
- 请孩子给冰箱里的东西分类——液体、固体和凝胶。

活动用意

你又一次引导孩子注意到了身边的普通事物，并描述了他所观察到的现象。孩子喜欢知道新的事物名称，所以引入液体、固体、气体、凝胶这些词汇，同时也借助更多的例子来加深他的印象。

进一步

盛一碗冰，盖上各种盖子。盖上什么最能防止冰的融化？

小提示

烹饪会让各种食材改变形态。做蛋饼可以演示液体如何变成固体，做黄油可以演示液体如何变成固液共存体，做饼干或面包可以演示凝胶（面团）是如何凝固的。试试第42项活动"肉桂卷里的化学"。

Elements in a Jar

35 罐子里的世界

"一沙窥世界……"
——威廉·布莱克（William Blake）

你需要

有关土地、水、空气的图片或照片；勺子或铲子；盆栽土或公园里挖的泥土；3个小罐子；水；纸、铅笔、蜡笔；胶带

前期准备

家长自行从杂志或网络上查找大量图片或照片，内容是草地、山脉、水体、天空、太空……只要能代表土地、水和空气即可。

怎么做

1. 和孩子一起，去户外挖些泥土（或购买盆栽土）。帮他把泥土装进一个罐子里。
2. 用自来水装满第二个罐子。
3. 聊聊空气。这个概念很难理解。问问孩子，为什么能感觉到空气、听到空气（在喘气的时候），却看不到它。空气尝起来如何？闻起来呢？让孩子在第三个罐子里装满空气，然后盖紧瓶盖。
4. 给孩子看一张备好的图片，说："我在想哪个罐子最像这张图片。"
5. 把三个罐子排成一排，然后依照罐中的内容物给图片分组。聊聊孩子是怎样分组的。
6. 给罐子命名：地（或土）、空气、水。

后续活动

鼓励孩子给罐子做标签。画一幅画或写一个记号，粘贴在罐子上。

活动用意

> 识别生命的三种基本元素——这个概念非常重要，却难以理解。为什么一个人可以站在地上，而不是海上或天上？即便孩子只有五岁，你也能利用具体的词汇向他阐明其中的道理。这项活动有助于孩子从具体事物的层面接触更抽象的概念。在抽象概念中，生物和非生物是根据各自的基本属性分类的。最后，孩子不必仔细看罐子和图片，就能分辨出某个地方（或东西）是否具备土地、空气或水的属性。一旦他能做到这一点，就说明他可以理解生态系统、栖息地和栖息动物等更为深奥的概念了。

进一步

做这项活动的时候，可以用某个东西的图片替代风景图片，比如昆虫、蚯蚓、鸟、狗、树木等。它们具备何种属性？哪些同时具备两种或多种属性？

小提示

把这项活动和第 6 项活动"千差万别的脚"结合起来。从比较脚的不同展开讨论，聊聊生活在天空、水中、陆地上的动物都需要什么样的脚。

36

Make Your Own Sundial

自 己
做日晷

树枝和铅笔
都可以用来做日晷。

你需要

铅笔、玩具人偶、能直立起来的长条石头，或者其他类似的东西；阳光充足的室内或户外场所；铅笔和纸（用来在室内做日晷）、石块和树枝（用来在户外做日晷）；手表

前期准备

- 选个阳光明媚的天气，站在户外。注意一下自己的影子。走一走，看看影子会如何变化。
- 聊聊还没有发明电的时候，人们的生活情形。人们怎么依靠日光来进行日常活动？

怎么做

1. 请孩子和你一起查找资料，看看在钟表问世之前，人们是如何记录时间的。找个阳光充足的地方，立起一样东西，这件会投射太阳阴影的东西就叫"晷针"。如果是在室内，就找一张纸，把晷针立在纸面中央；如果是在户外，就把晷针放在空地上，这样便于放置用来标记时间的石块或树枝。
2. 让孩子留意一下太阳在天空中的位置，以及晷针的影子投射的方向。如果是在室内，就让孩子用铅笔在纸上标出影子的位置；如果是在户外，就用石头或树枝标记。

第二章 蓝绿色星球 123

3. 然后看一下手表,把最近的整点时间记录下来。如果是在室内,可以把时间写在纸上;如果是在户外,就让孩子用对应数量的石头或树枝标记(摆上三块石头代表下午 3 点)。
4. 在不同的整点时间观察一下晷针的影子,在晷面上做更多的标记,直到标记完白天的整点时间。这样你和孩子就不需要用手表看时间了。只要是晴天,你们就可以去观察日晷。

后续活动

· 和孩子一起,用日晷规划你们的活动。"等日晷指向下午 4 点的时候我们就回家。"
· 和孩子一块儿想想,在手表出现前,人们是怎么从日晷上得知精确时间的。那时候记录的时间有现在这么精确吗?

活动用意

家长是在帮孩子把太阳的运动理解为一种规律,也是在教孩子如何利用这种规律规划自己的生活。为什么人们需要知道时间呢?和孩子展开讨论,这可以帮他理解人类的各种需求与经历。动物需要知道时间吗?它们是怎么知道什么时候睡觉、吃东西、捕猎的?这个问题也会让孩子接触到人类现在和过去的行为。

进一步

过一个月左右再去看看日晷，它记录的时间还和原来一样吗？它会随着季节发生什么变化？为什么？

小提示

上网查查有关日晷的知识，你会发现日晷有很多种类。把你和孩子做的日晷和网上的那些比较一下。

第三章
有趣的技术
Technology and More

> 传授知识并不是我们的主要目的，我们更想揭示并开发思维的活力。
> ——玛丽亚·蒙台梭利

为什么世界能运转起来？以不同方式协同运转的都是什么元素？人如何与这些元素相互作用？这一章的活动涉及物理学、电学、建筑学，以及其他学习领域的技术方法。经过这样一番探索和实验之后，孩子就会对自己解决问题的能力产生自信。以后，无论是他对某件事物萌生兴趣、学习制作东西，甚至是吃饭，这种自信都会一直伴随着他的成长。

37

吸管吹吹吹
Straw Box

我们对液体和气体的流动太熟悉了，
以至于常常忽略它的存在，
忘记了它的重要用途。
而这项活动不但会刷新你的记忆，
还会把流动的概念介绍给孩子。

你需要

2根塑料吸管；1个鞋盒（里面装上纸巾、易拉罐、弹珠、积木、草、纸等杂物）

前期准备

孩子跑过桌子旁，碰到或是蹭到了上面的什么东西。这时开展这项活动最为理想。

怎么做

1. 用一根吸管对着某个东西吹气，比如桌子另一边的弹珠。鼓励孩子也来试试。
2. 把盛着杂物的鞋盒放在孩子面前，问："你觉得隔着桌子可以吹动哪个东西？"
3. 和孩子一起，尝试隔着桌子用吸管吹盒子里的杂物。一边吹一边给物品分类。哪些能吹动？哪些吹不动？哪些不好吹但能吹动？这样进行分类。
4. 聊聊你吹气的时候对它们产生了什么影响。吹纸巾和吹弹珠有区别吗？吹一张纸呢？怎么才能更容易吹动一张纸巾？
5. 鼓励孩子往盒子里多放些东西。还有什么能吹动？什么吹不动？

后续活动

把这些物品拿到户外，往天上抛。哪些能飞起来？哪些不能？为什么？

活动用意

有了这种体验后,孩子就会知道:有些东西很容易被气流推动;有些东西会把气流"缠住"(比如纸巾);有些东西只能被稍微吹动,挪不了位置——因为它们太重或太大了。孩子在给物品分类的时候,就会逐渐提炼规律,总结出哪些形状和材料不会被气流推动。

进一步

给孩子一张纸,让他设法扔得尽可能远,比如,可以把纸折成小方块、揉成一团或叠成纸飞机。哪一种方法能让纸飞得最远?为什么?

小提示

浴缸特别适宜研究流动现象。什么东西最容易顺水而流?是玩具船,玩具鱼,还是玩具卡车?

38

洗衣服
Doing the Laundry

今天该洗什么衣服了？
这是一项很典型的美式活动，
美国的家长经常会请孩子帮忙做各种家务。

你需要

一堆脏衣服；洗衣机

前期准备

鼓励孩子洗衣服。

怎么做

1. 先给脏衣服分类，请孩子帮忙。向他解释一下你在做什么，为什么要这么做。如果孩子年龄较小，家长可以说，"我要先按颜色分类。"如果孩子年龄较大，家长可以说，"我要按类型把衣服分开。"
2. 如果孩子愿意，就请他参与进来。聊一聊什么衣服该归到一堆，为什么要这么分类。"这些是丝质的衣物，要和棉料衣服、牛仔裤分开。因为丝质的衣服要轻轻地洗。"
3. 让孩子看到要放入多少洗衣液，洗涤不同衣物时都要按下洗衣机上的哪些按钮，哪些衣物需要更多的水清洗，哪些衣物用水较少。
4. 启动洗衣机。给孩子念念按钮上的功能说明，让他根据洗衣量选择正确的按钮。聊聊洗衣机是如何运转的。

后续活动

和孩子一起从洗衣机里拿出衣服。讨论一下洗衣机洗得是否干净,再把湿衣服晾起来。

活动用意

> 和孩子一起洗衣服,其实是在教他如何按照说明进行操作。不要出题考查孩子,而是要教他:"衣架要这样摆……"在日常生活中,孩子会接触到很多程式化的事情:衣服和碗碟是要清洗的;电暖气会发热,关掉后还会再热一会儿;猫咪喂饱了就会跑开,几个小时后又会回来要东西吃。虽然大多数孩子都明白,猫咪吃了东西就饱了,等食物消化后又会变饿,但对于日常生活中的其他事情,他们理解起来就没有这么容易了。家长可以帮助孩子了解周围的世界,方法就是把你的知识教给他,并让他尽可能多地参与日常家务。

进一步

聊聊洗衣服的其他方法。在洗衣机发明出来之前,人们是怎么洗衣服的?在野外露营时要怎么洗衣服?

小提示

衣服到底是干净的还是脏的?让孩子帮你设法判断一下。

39 Playground Model

游乐场模型

在大学物理的研讨课上,经常会涉及玩跷跷板、转水桶、拍皮球等属于学前活动范畴的内容。为什么非要等到孩子上大学才研究这些呢?

你需要

游乐场；制作地面模型的硬纸板或胶合板；制作运动设施模型的材料（筷子、小木棍、木屑、吸管、包装纸、卫生纸纸筒、细绳、木头积木、乐高积木等）；胶带；胶水；剪刀；玩具人偶

前期准备

带孩子去游乐场玩。他在说"看这个！"或"看我看我！"的时候，家长不要只是说他"真棒！"，而是要走近他，让他重复之前的动作，然后简单地分析一下。"嗯，你爬到了旋转滑梯的顶上，坐在那儿，接着一下子滑到了这里。"

怎么做

1. 让孩子做一个游乐场模型。鼓励他一次完成一个设施。可以说："你打算怎么做旋转滑梯呢？会用到哪些材料？"一块硬纸板可以做地面模型，筷子、细绳等材料可以做运动设施模型。再用胶带、胶水和剪刀把上述材料组装起来。
2. 要协助孩子制作运动设施模型，但要听他指挥。聊聊它们的构造（如何站立和组合），它们的功能和高度限制。鼓励孩子找个小人偶来试玩，把它的"玩耍体验"编成故事。
3. 需要的话，再去游乐场玩一次。分析里面设施的构造。如果发现了新玩法，孩子也会获得看待事物的新视角。

后续活动

在孩子搭建、把玩游乐场模型时，跟他聊聊都有哪些力在发挥作用。是什么让跷跷板保持平衡？为什么旋转木马上的人掉不下来？为什么玩旋转滑梯会感到头晕？

活动用意

模型能很好地帮孩子了解一个物体的比例、大小、结构和功能。孩子能从中获知一些通用的基础物理概念。他也许无法解释这些概念，但他体验和理解过，还用来编过故事呢。

进一步

和孩子一起查阅物理书籍或网站，了解一些机械和结构的名称。比如，秋千就是一个摆，滑梯就是一个斜面，旋转木马运用了离心力，跷跷板就是一个支点在中央的杠杆（除非你们游乐场上的跷跷板能移动支点——又体验了一种新事物！）。你们外出的时候，也要找一找类似的机械和结构示例，把它们和游乐场联系起来。

小提示

这些游乐场上的结构装置，也能在"钢珠迷宫"中见到：螺旋、斜面、管道等。引导孩子自由组合各种结构，预测一下钢珠的走向，仔细观察并交流，这样做对孩子大有帮助。

40 / 自己搭屋子
A House For Me

每次读《草原上的小木屋》[①] 时，果果的爸爸永远也忘不了评论一番："那些人怎么什么都知道！"如果你孤身一人在草原，就必须自己搞定所有事情——不但要找材料搭建、布置屋子，还要设法弄到食物和衣服。

[①] 美国经典儿童文学名著，讲述了劳拉一家离开美国中部威斯康星大森林，坐着大篷车一路迁徙到西部堪萨斯大草原的经历。他们在美丽而危险的草原上修建了一座小木屋，住了下来。——译者注

你需要

木地板边角料、制作屋顶的材料、毯子、布等；树枝、长长的野草等天然材料；锯、锤子和钉子；纸和铅笔；一处户外场所（孩子要能把屋子搭在那里，而且能至少保留几周时间）

前期准备

让孩子在木材上敲几颗屋顶钉，锯几片木头，熟悉一下锤子和锯的使用方法。在此基础上，可以继续制作洋娃娃大小的小船、小汽车，以及其他小玩意儿。一个很棒的实践是，给孩子读读《三只小猪》，然后让他搭三座小房子。等到他能安全自如地使用这些木工用具后，再考虑搭一个能容得下孩子的堡垒、游戏屋或其他他感兴趣的建筑。

怎么做

1. 问问孩子："怎样搭一座你能住的屋子？"他可能会提些建议。仔细想想他的回答。如果给不出建议，就多带他看看房屋及其他建筑物，聊聊它们是如何搭建的。也可以给他看一堆材料，问："能用它们来搭一座堡垒（或游戏屋）吗？"最后，请孩子用你们备好的建筑材料搭一座屋子。
2. 你们共同拟订一个方案，需要考虑：
   · 屋顶用哪种材料？墙、地板和门呢？

- 还需要什么材料？去哪里能找到？
- 首先要做什么？其次、再次呢？
- 屋子搭好后应该是什么样子？
  把孩子的想法写下来。
3. 开始搭房子。始终让孩子来指挥你，由你来解释搭建的过程。"你开始建墙了。我该做些什么？"
4. 边做边随时帮他调整。如果他寻求你的建议，就给他两个选择项："想做浴缸？你可以用小桶，或者去年夏天用过的那个小游泳池。哪一个更好呢？"

后续活动

把搭好的屋子保留下来，除非孩子想要移走或拆掉。鼓励孩子给房子添减些东西，不时地改造或调整。让他知道，很多建筑师在完成作品后都会发现有待改进之处。轻松看待孩子的自我批判——可以建议他修改不喜欢的地方或者重新搭建。

活动用意

房屋就是一个系统，一个为功能服务的建筑，有心的人会想要理解房屋的设计。而这项活动让孩子获得了宝贵的经验——他明白了屋子是如何搭建的。鼓励他研究木工、建筑、管道，甚至电工方面的知识——你可以陪着他观摩建筑工人的工作或参观他们建造的房子。这些就是生活技能和生命系统。你培养了他对这些事情的兴趣，他就会学到相应的技能。

进一步

如果孩子想要再搭一座屋子,就鼓励他先设计。无论是简单的工序示意图,还是户型图或搭建图样,都是设计。如果他想深入了解,就从书本或电脑软件上收集一些资料,让孩子得到详细和专业的解答。

小提示

延伸阅读:

- *A Kids' Guide to Building Forts* by Tom Birdseye (Harbinger, 1993)
- 《草原上的小木屋》,[美] 劳拉·英格尔斯·怀尔德 / 著,天天出版社

41 Traffic Lights A-Go-Go

红绿灯，
红绿红绿会变色

红绿灯怎么知道该变红了呢？
黄灯亮是什么意思？
为什么绿灯不能总亮着呢？

你需要

有红绿灯的路口；铅笔和纸；有汽车图案的印章（可选）

前期准备

问问孩子是否想知道更多有关红绿灯的常识。我认识的大多数孩子都对它感兴趣。家长可以在路口等公交车时顺便做这项活动。

怎么做

1. 如果孩子还没注意到红绿灯，家长就可以说："我在想红绿灯是怎么变颜色的。"主动挑起话题。孩子可能会回答说，这种灯是机械控制的，可以自动变色。那么家长就可以接着问："它怎么知道什么时候该变色呢？"你们或许会得出这样的答案，即红绿灯里有个计时器。说出你的疑问，"设置红绿灯的人怎么知道需要亮多长时间呢？"
2. 家长接着问："用什么方法可以知道红灯会拦下多少辆车呢？"让孩子提个建议。
3. 在红绿灯附近找个合适的地点。只观察一个方向的红绿灯。
4. 看看孩子想统计多少次红灯。把纸横过来，在左上方竖着写出1~10，用来记录红灯的次数。
5. 和孩子一起数数每一次红灯拦下了多少辆车。每停下一辆车，就在数字"1"旁边做个记号，把这些记号排成行，以便和其他各次比较。
6. 继续数红灯拦下的车辆，直到你们统计完设定的红灯次数。问问孩子，绿灯亮的时候会发生什么？为什么车辆遇到红灯必须停下？哪次红灯拦下的车最多？这个红绿灯有什么作用？

后续活动

和孩子聊聊，在一天的不同时段里，道路上的车流量都一样吗？可以用什么方法判断？比较一下另一个方向或十字路口的车流量。

活动用意

用数字来解答这个问题，就是在帮助孩子回答"为什么这里要安装红绿灯"。在孩子的眼中，红绿灯就是"站"在那里不停变色的一种灯。而这项活动关注的是红绿灯如何影响车辆移动，从而推出路口的车流量。孩子每数一次红灯拦下了多少辆车，就是在学习用一种非标准化的方法估算时间。这对理解时间的概念来说非常重要。

进一步

用你们学到的方法调查其他路口，尤其是有行人通过指示灯和左转标识、红灯可右转的大路口。聊一聊交通规则，看看交通规则是怎么影响车流的。

小提示

和孩子玩"红绿灯"的游戏，你来扮演"红绿灯"。让孩子站在距离你3米远的地方，你背过身去，闭上眼睛，喊"绿灯"然后快速数到10。孩子要走向你，争取在你数到10之前碰到你。当你喊"红灯"时，孩子必须在你转过身之前停住。如果你看到孩子还在走，那么他就必须回到开始的地方。如果是好几个孩子一起玩，可以让先碰到家长的孩子来当"红绿灯"。

42 / 肉桂卷里的化学
Cinnamon-Bun Chemistry

永远不要低估烹饪的力量,
它能增强孩子的自信、运动技能、
科学理解力,以及系统分析力。
更不用说能满足他的胃口,让他深深地崇拜你啦!

你需要

食材：

2颗鸡蛋；3/4杯（180毫升）温水；1块酵母；4杯（1千克）面粉；1茶匙（5克）盐；2汤匙（30克）白糖；1/4磅（110克）黄油；肉桂；葡萄干、坚果粒、碎柠檬皮、红糖（可选）

工具：

中号碗；打蛋器或搅拌器；搅拌勺；大碗或浅口烤盘；毛巾；刀；烤板

前期准备

问问孩子是否愿意烤一个肉桂卷，告诉他制作过程。

怎么做

1. 把鸡蛋打到中号碗里，用搅拌器打至起泡；加入水和酵母，搅匀后放置一旁。
2. 让孩子帮忙算好要用多少面粉。把面粉、盐、白糖倒在备好的大碗或浅口烤盘里，混合均匀。
3. 在干燥的面粉中央掏一个洞，倒入做好的酵母混合液。帮孩子用手轻轻地将面团揉匀，然后继续揉捏直到它变得光滑有弹性（需2~3分钟）。
4. 盖住面团，等待它发酵成原来的两倍大。
5. 把面团揉成30厘米×40厘米的椭圆形。黄油化开后涂抹在面团表面，然后让孩子往上面撒些肉桂、葡萄干、坚果粒、碎柠檬皮或红糖。
6. 把椭圆形面团轻轻地滚成长条，然后切成小段，每段长约2.5厘米。

7. 将切好的小段放在涂过油的烤板上，醒上 30 分钟。
8. 把烤箱调至 175℃，烘烤约 30 分钟，或者烤至表面金黄。

后续活动

如果孩子知道如何把长条的面团拧成螺旋状，就鼓励他自己做面包或揉面团。讨论如何把面团做成三角形、正方形和圆形。

活动用意

烘焙可以帮助孩子理解化学反应。等待面团发酵的间隙，让孩子仔细看看食谱上的每一个步骤，同时也要留意面团的变化。

进一步

和孩子一起研究食谱。食谱中既包含了文化，还提供了科学、艺术、数学的实践机会。

小提示

自己做"面引子"替代酵母，也很有意思。翻阅食谱或在网上查询它的制作方法，读一读它背后的故事。可以先从做酸面团开始。

43 仓鼠之家
The Hamster System

让孩子学着为自己的宠物创造一个舒适的环境。
这项活动虽然以仓鼠为例，
但涉及的基本概念和程序适用于任何宠物。

你需要

纸和铅笔；一只仓鼠或其他合适的宠物；宠物房及其他附属用品

前期准备

和孩子聊聊，如果准备买一只仓鼠（或其他宠物），该怎么收拾屋子。让孩子充分了解仓鼠，确保他能参与照料。

怎么做

1. 聊聊仓鼠，可以去宠物店里仔细观察。
   尝试谈论以下话题：
   · 它吃什么，吃多少，住在什么地方。
   · 它怎么活动，是否好动，喜欢在什么地方活动。
   · 它怎么睡觉，在哪里睡，什么时候睡。
   · 适宜的温度是多少。
2. 和孩子一起，画出仓鼠需要的生活环境。聊聊仓鼠在一天的不同时间里都待在哪儿。讨论仓鼠是否有足够的生活空间，它能自如地玩耍、睡觉吗？
3. 列出需要购买或动手制作的东西。
4. 问问专家，也和宠物店店主聊聊你的计划。告诉店主，孩子想用纸板给仓鼠做一条大隧道。这个计划可行吗？能把仓鼠笼子放在窗台前吗？
5. 实施计划。和孩子一起给仓鼠搭建一个舒适的小屋子。
6. 把仓鼠买来，放进小屋子。一起和孩子观察仓鼠的一举一动。它是怎样利用周围环境的？它看起来高兴吗？还需要增添些什么？

后续活动

和孩子一起观察仓鼠,判断喂水喂食和打扫卫生的间隔时间,以及它的运动量是多少。拟订一个方案,维护好它的生活环境。

活动用意

> 待到一切收拾妥当、宠物习惯了新环境后,重要的是让孩子和你一起,学着理解动物的习性和需求。对孩子来说,你们的宠物就是生命过程的模型,自成一套系统。很多时候,虽然孩子身边也可以找到类似的系统,但他对此既不清楚也没有参与。

进一步

让孩子参与宠物的生活。告诉他,宠物也会生病、死亡、繁殖,遭遇到种种人生大事件。鼓励孩子逛逛宠物市场(或类似的场所)。

小提示

你们的宠物在野外如何生活?可以通过互联网多多了解相关知识。如果它是一种家畜,就去了解一下它的野外亲戚。

44 我能解决

Build a Better Dog Dish

"你的小狗的脖子有时会酸痛。"兽医告诉杰森。回家后,杰森发明了一款高脚狗盘,拯救了小狗的脖子。

你需要

一个可以解决的问题，以及解决它所需的各种材料

前期准备

找一个和日常家庭生活有关的问题。橱柜门能关牢吗？水池边没有地方放肥皂盒？选一些简单易解的问题。

怎么做

1. 把这个问题告诉孩子，要表现出一副很费解的样子："这扇窗户就是支不住！要是能想个办法让它常开着就好了。你有什么想法？"
2. 鼓励孩子分析问题。为什么这扇窗户打开后会自己关上？可以拿什么来撑一下，让它一直开着？
3. 听听孩子给出的建议。找找现成的材料，或者和孩子去商店购买（让孩子挑选）。
4. 问孩子："那么，现在我们要用这堆材料来……？"在孩子的指导下实施解决方案。如果不太奏效，就请他再想别的办法。家长也可以提出一些建议，以供参考。
5. 继续尝试，直到问题解决。也可以请教第三方（专家）。如果是你给出了最终解决方案，记得告诉孩子你是怎么想出来的："在图书馆里，我看到有人用纸板抵住窗户。"或者，"看，那扇橱柜门有挂钩就能撑住。我们给这扇窗户找个什么挂钩呢？一个挂钩够用吗？"

后续活动

养成这样的习惯：经常询问孩子的意见，并让他参与日常技术小问题的解决过程。（没错，修理一扇窗户和一扇橱柜门，这些都是技术！）

活动用意

> 你是在让孩子参与一个家庭任务——修东西，参与的方式则是让他分析问题的机制，并积极地解决问题。日常生活中，每个家庭都会遇到各种技术问题：水龙头漏水或关不上、浴帘破了、纱窗有漏洞等；每一种解决方案都会涉及独特的材质、工具、物理原理、形态、功能和程序。努力钻研每一种解决方案，孩子就会从中受益。

进一步

可以引导孩子探讨更深层和抽象的问题："看这条河！怎么才能把它变成游泳池……"或者，"公园里好多垃圾……倒垃圾应该有更便捷的方法。"

小提示

如果有条件，就让孩子参与改进社区的计划，或者在报纸上关注社区居委会的动向（给孩子读一读或简要概述）。

45 自己做盒子
A Box of Physics

这本书中有不少活动与盒子有关。
如果你和孩子一起做盒子，
意义就更深远了。

你需要

尺子和铅笔；锯；尺寸为70厘米×20厘米×1厘米的松木板；老虎钳或夹钳；砂纸；钉子；羊角锤；木料黏合剂；木螺钉；螺丝刀；颜料；画笔；凿子和尺寸为20厘米×25厘米×0.5厘米的胶合板1片（用作滑盖）；边角布料、针线、橡皮圈或橡皮筋

前期准备

需要指出的是，这里提供的指导都是很基础的，适合那些从来没有做过木工活的人。如果你是木匠，或是你对做盒子有更好的想法，可以在基本的框架下调整制作过程。大致和孩子说说整个过程，动手做的时候让他主导。家长应该发挥引导作用，把孩子看成学徒，而不是助手。

怎么做

1. 和孩子一起测量、标记，把木头锯成下面的样子：
   - 一块20厘米×25厘米的长方形，作为盒子底部。
   - 两块20厘米×10厘米的长方形，作为盒子的两个侧面。
   - 两块25厘米×10厘米的长方形，作为盒子的另外两个侧面。
2. 用老虎钳或夹钳夹住每块木头。让孩子把木头边缘用砂纸打磨光滑。教孩子如何顺着木头纹路打磨，而不是逆着来。

3. 组装盒子。第一步，要把相邻侧面的木板组合到一起，做成盒子的一角。找两颗钉子，往木头里钉进一部分，这是在为螺丝打眼儿。然后用羊角锤子拔出钉子。再把两块木板分开，在接合处涂上黏合剂。等黏合剂稍干后把两块木板拼在一起，然后拧螺丝。按照这种方式，做好盒子的四个侧面。等黏合剂完全干掉，接合处也已粘牢，再粘上盒子的底部。

后续活动

选一种方法，把盒盖做好：

- 做一个滑盖。在你组装盒子之前，在两块 20 厘米 × 10 厘米的长方形上，沿着长边分别刻一道 0.5 厘米深的凹槽，然后用凿子把凹槽凿切光滑。把另一个侧面切割成 25 厘米 × 9 厘米大小，让盖子从这一面滑进滑出。把盒子组装起来。锯一块 20 厘米 × 25 厘米 × 0.5 厘米的胶合板做盒盖。用砂纸打磨盒盖的短边，直到盖子可以在两端的凹槽中滑动自如。把盒身和盒盖打磨好，帮孩子涂上颜色。
- 做一个布盖。剪一块 25 厘米 × 30 厘米的布，把四边都折好，把橡皮筋缝在里面，或者只把布边折好，再用大橡皮圈扎在盒子上。

活动用意

使用工具的过程，可以让孩子直接理解人、工具、材料三者间的作用关系。打磨盒子，他便了解了摩擦力；钉钉子和拔钉子，他便能感受到杠杆作用。在做这个活动的时候，孩子还体验到了制作某件东西的过程。如果能让孩子参与到材料收集的工作中，去木材场和五金店找找看看，则可以增加他的知识，丰富他的经验。

进一步

我认识两个孩子，一个五岁，一个六岁，他们最喜欢的东西就是自己的工具箱。我们在一家五金店找到了塑料工具箱，在里面放了些小工具：一把锤子、两种不同的螺丝刀、砂纸、画笔，还有钉子和一些碎木头。没过多久，这两个孩子就做出了自己的小船、飞机，甚至还有一个画架和一个刮鞋底泥土的刮片。

46

Sink or Float

浮力
游戏

船为什么能浮起来?

你需要

水；浴室玩具、小船、水枪等各种你能找到的物品；浴缸或儿童戏水池

前期准备

和孩子一起玩水。开玩具船、玩水枪、泼水、舀水……尽情探索吧！

怎么做

1. 选一个浴室玩具，把它轻轻地放在浴缸的水面上，试着让它漂浮起来。仔细观察，并向孩子描述你的想法："我想看看它能不能浮起来。嗯……有点儿歪，但还没沉下去。看来没问题！"
2. 换一件物品重复以上步骤，再请孩子帮忙测试其他物品。
3. 把物品分成两堆：能漂浮的和会下沉的。
4. 再找找其他物品，让孩子预测一下它们能否漂浮。"你觉得这个呢？能浮起来吗？为什么你觉得它可以？好，我们来试试！"
5. 家长也可以预测。"我觉得这个可以浮起来。它是塑料的，像独木舟。啊，错了！原来不是所有的塑料香蕉都能浮起来。"
6. 所有的物品都分好之后，观察那些能漂浮的，聊聊它们的特征。"该怎样描述它们？可以浮起来的东西？没错，它们是能浮起来。我在想它们为什么能浮在水面，而有些就不行。"

后续活动

- 找找还有什么东西能浮起来。
- 研究一下船、水上飞机、鸭子，以及其他看起来会下沉却能漂浮的物体。注意它们的材料与结构。
- 运动的物体就能浮在水面上吗？试验一下。

活动用意

孩子在根据一个属性——能否漂浮——给物品分类。按属性分类在科学、数学、语言领域都是一个重要的思维能力。更重要的是，他能学着通过分析做出判断、给物品分类，以及指出物品间的共性。

进一步

请孩子自己制作能漂浮的物品。可以使用现有的材料，或者试试新材料。

小提示

在做这项沉浮评测时，也要引入海绵。鼓励孩子想一想，为什么开始时海绵能浮在水面上，后来又会沉下去。

Taking apart the Toy

47 拆玩具

拆完之后……再把它组装回去。

你需要

闲置的玩具；螺丝刀；纸和铅笔，或者拍立得相机（可选）

前期准备

和孩子一起想想，儿童故事机是怎么发出声音的。是有人藏在里面吗？（有的孩子真的这样以为！）做这项活动，你不必知道所有玩具零件的功能，而是要把它看成一次和孩子共同研究的机会。第一次拆玩具很有可能装不回去，不过没关系。

怎么做

1. 请孩子和你一起拆一个闲置的玩具，看看里面都有什么。告诉孩子："我不知道这里面有些什么零件，但我们可以猜一猜。"
2. 确保玩具没有通电。跟孩子解释，如果里面有电，会电到人。把底部的螺丝拧下来，揭开盖板，仔细观察里面零件的摆放位置。告诉孩子，你正在努力记住它们的位置，以便按原样装回去。
3. 把零件一个个地拆出来，按顺序放好，这样有助于你还原它们的位置。你也可以画张草图或示意图，或是拍下内部结构。
4. 和孩子一起研究各个零件，想想它们的用途。
5. 如果你愿意，可以从书上或网上查找工作原理图。通过原理图来认识各个零件，清楚它们的名称和功能。不用着急做这一步，可以先猜一猜。
6. 把这些零件重新放回玩具里，问问孩子想怎么做。"下一个该装什么了？这个怎么装进去？"

后续活动

和孩子一起拆装别的装置。旧电话、旧收音机、坏掉的计算器，甚至电脑，这些装置拆起来都很有意思。动手前，要确保你有信心把它们恢复原样（对孩子来说，这也是一堂生动的生活常识课）。注意：不要去拆开任何有显像管的装置，比如电脑显示器或电视。显像管可能会爆炸伤人。拆电子设备的时候，要确保它没有接入电源。

活动用意

> 首先，也是最重要的，你把家里"最神秘的魔法"破除了。其次，你让孩子进入了标准的成人世界——硬件、小螺丝刀、机器内部的情形，还有各种小部件的神秘功能，都属于这个世界。你也是在给孩子做示范，教他如何接触并研究一部机器。

进一步

和孩子一起，学习更多的机器知识：你的车、地铁、复印机或任何他感兴趣的东西。当你送修某个东西的时候，抓住机会问问专家的建议，了解一下相关信息。这也是在为孩子示范如何运用兴趣和智慧去调查一件事情，探索未知领域，以及向知识更广博的人请教。

小提示

你本来就是一位机械天才？低调一些。拆玩具的时候装作自己一无所知。鼓励孩子说出他对玩具工作原理的看法。运用你的知识帮他判断是否正确。

48 Wheel Watch

轮子真奇妙

转啊转啊转……

你需要

各种交通工具（卡车、汽车、自行车、公共汽车等）；铅笔和小笔记本；各种带轮子的东西（玩具、轮椅、机器等）

前期准备

聊聊不同物体的移动方式：人是怎么移动的？汽车、鸟、狗呢？

怎么做

1. 问孩子关于车轮和轮胎的问题："快递车用的是什么轮子？"
2. 注意卡车的车轮。鼓励孩子数一数卡车有几个车轮，并描述一下它们的样子。和普通汽车车轮一样吗？和自行车、其他卡车相比呢？
3. 请孩子在小笔记本上画出卡车的车轮。
4. 再让孩子选择一辆车。讨论它的轮子的类型、数量、直径、胎宽和花纹。让孩子继续画下这辆车的车轮，以便日后查看。
5. 去自行车店（或公园）观察各种自行车。山地自行车的车轮很宽，车胎纹路也很深；公路自行车的车轮很窄，车胎表面也比较光滑。和孩子聊聊不同车胎的作用，也可以咨询店员。
6. 和孩子聊聊你们今天看到的车轮和轮胎，逐一比较。为什么不同的车需要搭配不同的轮胎？

后续活动

找一找玩具、轮椅、机器,以及各种车辆上的轮子。聊聊它们的用途和特点。

活动用意

> 科学在很大程度上是观察和理解各部分之间的关系。当孩子注意到车胎和车轮、把它们和整个机器相关联,他就开始明白车轮的用途、尺寸和不同型号之间的关系。你的参与是在为孩子做榜样,让他保持好奇心;协助他调查和比较,也是在引导他理解材质、结构和用途之间的关系。

进一步

要研究轮胎纹路,可以观察它压出的胎印。用粉笔给车胎涂上厚厚一层颜色,再把一张纸按在上面(沙地或土地上有时也会留下胎印)。看看纸上的印迹及其中间的留白。比较一下两个不同的胎印。注意:做这项活动时要保证车辆处于熄火状态。

小提示

· 乐高、建乐思等拼插玩具有橡胶轮子。鼓励孩子自己利用它们做一辆小汽车。为什么不同的载具需要的轮子个数不一呢?有的是两个轮子,有的是三个或四个,为什么?
· 转动橡皮章,盖一串印记,让孩子理解轮子的运转方式。

49 电与光
Lighten Up

点亮灯泡的方法不止一种。

你需要

2 根 30 厘米长的电线；手电筒电池；1.5 伏的灯泡；合适的灯座；螺丝刀；胶带

前期准备

削去电线两端的绝缘层。告诉孩子，电流会通过电线；电线两端裸露出来，是为了获得更好的实验效果。

怎么做

1. 让孩子观察可以产生光的四种基本部件：2 根电线、1 节电池、灯泡、灯座。告诉孩子，它们组装在一起就可以发光。和孩子聊聊这些材料。灯泡能用来做什么？没有电它能发光吗？怎样给灯泡通电？电从哪里来？
2. 请孩子把它们组装起来，让灯泡发光。你愿意的话，可以教他如何操作。拿出一根电线，一端接在灯座螺丝上，另一端接在电池的一极。把灯泡放入灯座。再用另一根电线连接灯座螺丝和电池的另一极。这样就形成了一个闭合电路，电流就能通过灯泡了。
3. 不管灯泡是否被点亮，尝试过一种电路就画一张图（失败的尝试和成功的尝试一样重要）。
4. 讨论哪些方法可行，以及为什么。再聊聊那些失败的尝试，它们有什么共同点？

后续活动

鼓励孩子把自己的发现告诉别人,并尝试自己解释灯泡什么时候会发亮,以及为什么。

活动用意

这项活动可以让孩子知道:用某种方法把材料组合起来,就会得到某种结果。他不需要理解每个部件的具体用途,因为他在观察实践时就会逐渐明白。等他找到了规律,就鼓励他创建组装电路的规则,比如,电线必须接触到电池。

进一步

利用电池座和灯座,和孩子制作另一种灯(参见第 50 项活动"我的小灯")。查阅电学实验书籍,了解更多关于电路、开关和其他部件的知识。

小提示

延伸阅读:

· *Batteries and Magnets*（Dorling Kindersley, 1993）
· 《儿童百问百答 14：电与磁》,[韩]金显民 / 著,二十一世纪出版社

Little Light of Mine

50 我的小灯

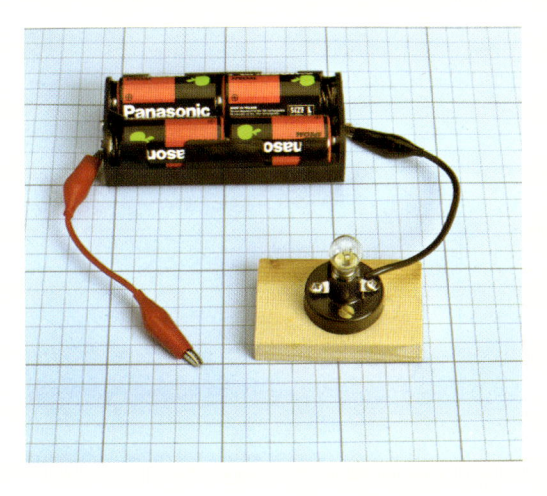

想让孩子了解魔法背后的科学？
这又是一个好机会！

你需要

灯座；灯泡；电池座和 1 号电池；3 根电线（削去两端的绝缘层）；开关；放大镜

前期准备

先做第 49 项活动"电与光"。

怎么做

1. 和孩子聊聊第 49 项活动。
2. 给孩子看看你备好的材料：固定灯泡的灯座，固定电池的电池座。先不要让孩子看到开关。请他想一想，怎么才能利用这些材料让灯泡发光。
3. 提醒孩子，一个闭合的电路才能形成电流。让他注意不要把自己接入这个环路。
4. 指导孩子把灯泡拧入灯座，把电池放入电池座，再用两根电线把电路搭建完整——将灯座和电池座连起来。
5. 让孩子尽量多想几种熄灭灯泡的方法。如果孩子提出用开关，就把开关拿出来，再给他第三根电线，帮他把开关接入电路。

后续活动

无论灯泡亮或不亮,都可以用放大镜观察一下。孩子会看到灯丝是怎样发光的。

活动用意

> 加入开关之后,这项基础电学实验就复杂起来了。孩子会觉得,这套装置和日用家电更像了。当看到更多的电路示例,他就能理解它们的工作原理了。

进一步

拆一盏闲置的灯。和孩子聊聊它和你们做的小灯有哪些相似和不同。

小提示

把第 49 项和第 50 项活动中的装置做成卡片,在上面画出灯泡、灯座、电池、开关和电线。和孩子一起组合一下,看看要组成一个让灯泡发光的闭合电路都用到了哪些部件。

Real Montessori
Education Starts at Home